航 海 数 学

（第二版）

张玉祥　编著

厦门大学出版社　国家一级出版社
XIAMEN UNIVERSITY PRESS　全国百佳图书出版单位

内 容 简 介

　　本书根据高职航海专业教育的特殊性和层次教学的要求编写,内容覆盖了航海技术专业学生所必需的基础数学和专业的数学.全书共六章,内容包括一元函数微积分、球面几何、球面三角和船舶误差基础理论,书末附有习题答案和积分表.建议学时数为 70 学时.

　　本书适于作为高职高专院校和成人教育航海技术教材,也可作为海船驾驶员或港航有关人员的自学参考书.

前　言

　　《航海数学》是航海院校航海技术专业学生必修的一门专业基础课,是学生学习航海专业知识所必需的基础.本书基于高职高专教育的特殊性、层次教学的要求和课程的特点,依据编者长期从事高职航海数学课程教学和教研工作经验,在不违背科学性的前提下,贯彻以应用为指导思想,以必需、够用为度的原则,淡化数学的严密性,提供直观、通俗的说明和解释.书中带 * 号部分可作为学生选学内容.

　　本书突出以下特点:

　　1. 基础性:以一元函数微积分的基本知识和计算技能为主线,培养学生应用数学的意识、兴趣和计算能力.注重让学生学会用数学的思维方式观察周围的事物和分析解决实际问题,将所学的基础理论与专业知识融会贯通,灵活地综合应用于后续的专业课程和工作中,为今后学习和工作打下坚实的数学基础.

　　2. 专业性:以球面几何、球面三角和误差理论为主要教学内容,注重使学生掌握与航海技术专业知识相关的必需够用的数学知识和方法,培养学生能运用数学知识和方法分析解决专业学习过程中所遇到的与数学有关问题的能力,特别是要求学生掌握航程和航向的计算、平差计算及船位误差分析.

　　本书的编审和出版得到厦门大学出版社有关领导和编辑的关心和支持,在此表示由衷的感谢!

　　由于编者水平有限,书中难免存在错误与不足之处,恳请使用人员批评斧正.

作　者

2019 年 7 月

目　录

第一章　函数、极限与连续

1.1　函数的概念

1.1.1　基本初等函数

我们把幂函数 $y = x^{\alpha}$(α 为实数),指数函数 $y = a^x$($a > 0$ 且 $a \neq 1$),对数函数 $y = \log_a x$($a > 0$ 且 $a \neq 1$),三角函数和反三角函数统称为基本初等函数.

注:作为基本初等函数的三角函数仅有六个函数:$y = \sin x$,$y = \cos x$,$y = \tan x$,$y = \cot x$,$y = \sec x$,$y = \csc x$.

反三角函数仅有四个函数:$y = \arcsin x$,$y = \arccos x$,$y = \arctan x$,$y = \text{arccot} x$.

幂、指、对三大函数的变量只能是 x,常数 α 和 a 可以取一切实数;随着常数 α 和 a 取不同的值,对应的幂、指、对三大函数有无穷多个基本初等函数.

由基本初等函数与常数经过有限次四则运算所得到的函数称为简单函数.

例如,$y = 3 \cdot 2^x - 1$ 和 $y = \dfrac{1}{2}\sin x + \cos x$ 等都是简单函数.

1.1.2　复合函数

如果 y 是 u 的函数 $y = f(u)$,而 u 是 x 的函数 $u = \varphi(x)$,我们称 y 是 x 的复合函数,记作 $y = f(\varphi(x))$,其中 u 称为中间变量.

注:函数 $u = \varphi(x)$ 的值域应在函数 $y = f(u)$ 的定义域内;若由多个函数复合而成,则中间变量可用变量 u, v, w, s, t 等表示.

1

例如 $y = 4^x$ 和 $y = \arctan x$ 是基本初等函数，$y = 2^{2x}$ 和 $y = \arctan 2x$ 是复合函数，而 $y = \arcsin(x^2 + 2)$ 便失去意义.

例 1 指出函数 $y = 5\sin^3 2\,(x^2 + 2)^2 - 3\cos x$ 的复合过程.

解 由 $y = 5u^3 - 3\cos x, u = \sin v, v = 2w^2, w = x^2 + 2$.

1.1.3 初等函数

由基本初等函数和常数经过有限次四则运算或经过有限次复合步骤所构成的，并只用一个解析式子表示的函数叫作初等函数.

例如 $y = 2^{x^2}, y = 3\sin x, y = 2 + \sqrt{x}, y = \sin^3 2x, y = \ln(x - 1), y = \arctan\sqrt{3x}$ 等都是初等函数.

1.1.4 分段函数

有些函数虽然也可以用解析式表示，但不能用一个解析式表示，在定义域的不同范围具有不同的解析式，这样的函数称为分段函数.

例如，$y = \begin{cases} 1 & x > 0 \\ 0 & x = 0 \\ -1 & x < 0 \end{cases}$ ，$y = \begin{cases} 1 + x & x < 0 \\ 2^x & 0 \leqslant x \leqslant 3 \end{cases}$ 等都是分段函数.

练习题 1.1

1. 指出下列各函数的复合过程：

(1) $y = x + \sqrt{3x - 1}$;   (2) $y = 2e^{-\cos\frac{3}{x}}$;

(3) $y = 3\ln^3(2x - 1)$;   (4) $y = \arctan[-\sin(2x^2 - 1)]$.

2. 已知 $y = 1 + \ln\sqrt{u}, u = 2v^3 - 1, v = \sin x$ ，试把 y 表示成 x 的函数.

3. 设 $f(x) = \begin{cases} 1 + x & x > 0 \\ 0 & x = 0 \\ 1 - x & x < 0 \end{cases}$ ，求 $f(-1), f(0), f(1), f(\Delta x)$.

4. 设 $f(x) = x^2 - x$ ，求 $f(\frac{1}{x}), f(x - 1), f(x + \Delta x) - f(x)$.

1.2 函数极限

1.2.1 当 $x \to \infty$ 时的极限

当 $x \to \infty$ $\left(\text{含} \begin{array}{c} x \to -\infty \\ x \to +\infty \end{array} \right)$ 时的极限：

如图 1.1.1 所示,考察函数 $y = \dfrac{1}{x}$

的图形,容易发现不论 $x \to -\infty$ 或 $x \to +\infty$ 都有 $y \to 0$. 我们称该函数当 $x \to \infty$ 时的极限为 0(或 $f(x)$ 收敛于 0),记作

$$\lim_{x \to \infty} \frac{1}{x} = 0 \text{ 或 } \lim_{x \to \infty} y = 0.$$

一般地,当 $|x|$ 无限地增大时,函数 $f(x)$ 无限地趋近于一个固定的常数 A, 则称当 $x \to \infty$ 时,$f(x)$ 的极限为 A(或收敛于 A),记为 $\lim\limits_{x \to \infty} f(x) = A$.

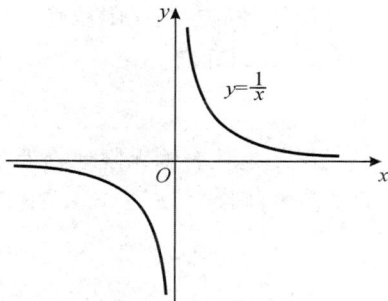

图 1.1.1

若 $-x$ 无限地增大时,函数 $f(x)$ 无限地趋近于一个固定的常数 A,则称当 $x \to -\infty$ 时,$f(x)$ 的极限为 A,记为 $\lim\limits_{x \to -\infty} f(x) = A$.

若 x 无限地增大时,函数 $f(x)$ 无限地趋近于一个固定的常数 A,则称当 $x \to +\infty$ 时 $f(x)$ 的极限为 A,记为 $\lim\limits_{x \to +\infty} f(x) = A$.

判断函数 $f(x)$ 当 $x \to \infty$ 是否有极限,通常用如下的结论：

$\lim\limits_{x \to \infty} f(x) = A$ 的充要条件是 $\lim\limits_{x \to -\infty} f(x) = \lim\limits_{x \to +\infty} f(x) = A$.

例 1 $\lim\limits_{x \to \infty} \dfrac{c}{x} = 0$,其中 c 为常数.

例 2 $\lim\limits_{x \to +\infty} q^x = 0$,其中 $|q| < 1$.

例 3 由于 $\lim\limits_{x \to -\infty} \arctan x = -\dfrac{\pi}{2}$ 和 $\lim\limits_{x \to +\infty} \arctan x = \dfrac{\pi}{2}$,所以 $\lim\limits_{x \to \infty} \arctan x$ 不存在(或发散).

例 4 由于 $\lim\limits_{x \to -\infty} 3^x = 0$ 和 $\lim\limits_{x \to +\infty} 3^x = +\infty$,所以 $\lim\limits_{x \to \infty} 3^x$ 不存在(或发散).

例 5 $\lim\limits_{n \to +\infty} (1 + (-1)^n)$ 不存在.

例 6 $\lim\limits_{n \to +\infty} \dfrac{1 + (-1)^n}{n} = 0.$

1.2.2 当 $x \to x_0$ 时的极限

一般地,当 $|x|$ 无限地趋近于 x_0 时,函数 $f(x)$ 无限地趋近于一个固定的常数 A,则称当 $x \to x_0$ 时,$f(x)$ 的极限为 A(或收敛于 A),记为 $\lim\limits_{x \to x_0} f(x) = A$.

若 x 是从左侧无限地趋近于 x_0 时,函数 $f(x)$ 无限地趋近于一个固定的常数 A,则称当 $x \to x_0^-$($x < x_0$)时,$f(x)$ 的左极限为 A,记为 $\lim\limits_{x \to x_0^-} f(x) = A.$

若 x 是从右侧无限地趋近于 x_0 时,函数 $f(x)$ 无限地趋近于一个固定的常数 A,则称当 $x \to x_0^+$($x > x_0$)时,$f(x)$ 的右极限为 A,记为 $\lim\limits_{x \to x_0^+} f(x) = A.$

判断函数 $f(x)$ 在点 x_0 处是否有极限,通常用如下的结论:
$\lim\limits_{x \to x_0} f(x) = A$ 的充要条件是 $\lim\limits_{x \to x_0^-} f(x) = \lim\limits_{x \to x_0^+} f(x) = A.$

例 7 观察说明 $\lim\limits_{x \to 1} \dfrac{x^2 - 1}{x - 1} = 2.$

注意到函数 $\dfrac{x^2 - 1}{x - 1}$ 在 $x = 1$ 点处无意义,而当 $x \to 1$ 时,函数 $\dfrac{x^2-1}{x-1}$ 的值的变化总的趋势却是 2,即 $\lim\limits_{x \to 1} \dfrac{x^2 - 1}{x - 1} = \lim\limits_{x \to 1} \dfrac{(x-1)(x+1)}{x-1} = \lim\limits_{x \to 1} (x+1) = 2.$

这说明当 $x \to x_0$ 时,函数 $f(x)$ 的极限与在 $x = x_0$ 点有没有定义无关;反之,有定义也未必有极限.

如 $f(x) = \begin{cases} x + 1 & x < 0 \\ x - 1 & x \geqslant 0 \end{cases}$,在 $x = 0$ 有定义,但由于 $\lim\limits_{x \to 0^-} f(x) = 1$,$\lim\limits_{x \to 0^+} f(x) = -1$,即左右极限不相等,所以在 $x = 0$ 点,$f(x)$ 的极限不存在.

例 8 函数 $f(x) = \begin{cases} x + 1 & -\infty < x < 0 \\ x^2 - 1 & 0 \leqslant x \leqslant 1 \\ 1 - x & x > 1 \end{cases}$,判别函数在 $x = 0, x =$

$1, x = 1.1$ 点极限的存在性, 若存在则求之.

解   在 $x = 0$, 由于 $\lim\limits_{x \to 0^-} f(x) = \lim\limits_{x \to 0^-} (x+1) = 1, \lim\limits_{x \to 0^+} f(x) = \lim\limits_{x \to 0^+} (x^2 - 1)$
$= -1$, 所以 $\lim\limits_{x \to 0} f(x)$ 不存在;

在 $x = 1$, 由于 $\lim\limits_{x \to 1^-} f(x) = \lim\limits_{x \to 1^-} (x^2 - 1) = 0, \lim\limits_{x \to 1^+} f(x) = \lim\limits_{x \to 1^+} (1 - x) = $
0, 所以 $\lim\limits_{x \to 1} f(x) = 0$; 而 $\lim\limits_{x \to 1.1} f(x) = \lim\limits_{x \to 1.1} (1 - x) = -0.1$.

例 9   设 $f(x) = \begin{cases} \dfrac{x^2}{x} & x \neq 0 \\ 1 & x = 0 \end{cases}$, 求 $\lim\limits_{x \to 0} f(x)$.

解 $\lim\limits_{x \to 0} f(x) = \lim\limits_{x \to 0} \dfrac{x^2}{x} = 0$.

例 10   求 $\lim\limits_{x \to 0} e^{\frac{1}{x}}$.

解   由于 $\lim\limits_{x \to 0^-} f(x) = \lim\limits_{x \to 0^-} e^{\frac{1}{x}} = 0, \lim\limits_{x \to 0^+} f(x) = \lim\limits_{x \to 0^+} e^{\frac{1}{x}} = +\infty$, 所以 $\lim\limits_{x \to 0} f(x)$ 不存在.

注: (1) 对于分段函数求分段点的极限时, 若需要用不同的函数, 则要用左右极限求解.

(2) 若在点 x_0 求极限所得到的结果不唯一, 则要用左右极限求解.

(3) 可以用符号 ∞ 表示极限的结果, 但极限不存在不一定是 ∞.

(4) $\lim\limits_{x \to 0} \dfrac{c}{x} = 0$ (c 为常数).

练习题 1.2

1. 证明: $\lim\limits_{x \to -1} \dfrac{|x+1|}{x+1}$ 不存在.

2. 设 $f(x) = \begin{cases} -\dfrac{1}{x-1} & x < 0 \\ 1 & x = 0 \\ x & x > 0 \end{cases}$, 求 $f(x)$ 当 $x \to 0$ 时的左、右极限, 并

说明 $f(x)$ 在 $x = 0$ 点极限是否存在.

3. 设 $f(x) = \begin{cases} x^2 + 2x - 1 & x \leqslant 1 \\ x & 1 < x < 2 \\ 2x - 2 & x \geqslant 2 \end{cases}$, 求 $\lim\limits_{x \to 0} f(x), \lim\limits_{x \to 1} f(x)$,

$$\lim_{x \to 2} f(x), \lim_{x \to 3} f(x).$$

4. 设 $f(x) = \begin{cases} 1-x & x<0 \\ 1+x & x \geqslant 0 \end{cases}$，求 $\lim_{x \to 0} f(x)$.

1.3 极限的四则运算

1.3.1 极限的四则运算法则

若 $\lim\limits_{x \to ?} f(x) = A$ 与 $\lim\limits_{x \to ?} g(x) = B$ 都存在(其中 $x \to ?$ 表示同时有 $x \to x_0$ 或 $x \to \infty$)，则有

① $\lim\limits_{x \to ?} (f(x) \pm g(x)) = \lim\limits_{x \to ?} f(x) \pm \lim\limits_{x \to ?} g(x) = A \pm B.$

注:此公式仅适用于有限项,否则不成立.

如 $\lim\limits_{n \to \infty} (\dfrac{1}{n} + \dfrac{2}{n} + \cdots + \dfrac{n}{n}) \neq \lim\limits_{n \to \infty} \dfrac{1}{n} + \lim\limits_{n \to \infty} \dfrac{2}{n} + \cdots + \lim\limits_{n \to \infty} \dfrac{n}{n}.$

② $\lim\limits_{x \to ?} f(x) g(x) = \lim\limits_{x \to ?} f(x) \cdot \lim\limits_{x \to ?} g(x) = A \cdot B.$

特殊地,有 $\lim\limits_{x \to ?} cf(x) = c \lim\limits_{x \to ?} f(x) = cA$ (c 为常数).

③ $\lim\limits_{x \to ?} \dfrac{f(x)}{g(x)} = \dfrac{\lim\limits_{x \to ?} f(x)}{\lim\limits_{x \to ?} g(x)} = \dfrac{A}{B}$ ($B \neq 0$).

注:应注重法则的前提条件,若前提条件不满足,则法则失效.

如:错误解法:$\lim\limits_{x \to 0} x \sin \dfrac{1}{x} = \lim\limits_{x \to 0} x \cdot \lim\limits_{x \to 0} \sin \dfrac{1}{x} = 0$;

正确解法:$\lim\limits_{x \to 0} x \sin \dfrac{1}{x} = 0.$

又如:$\lim\limits_{n \to +\infty} (\sqrt{x + \sqrt{x}} - \sqrt{x}) \neq \lim\limits_{n \to +\infty} \sqrt{x + \sqrt{x}} - \lim\limits_{n \to \infty} \sqrt{x}.$

再如:$\lim\limits_{x \to 0} \dfrac{\cos x}{x} = \dfrac{\lim\limits_{x \to 0} \cos x}{\lim\limits_{x \to 0} x}$,是错误的写法,因为 $B = \lim\limits_{x \to 0} x = 0.$

1.3.2 极限的计算方法

1. 直接代入法

即 $\lim\limits_{x \to x_0} f(x) = f(x_0).$

例 1　$\lim\limits_{x \to -1} \dfrac{x^2 - 3x + 1}{x^2 + 4x - 2}$.

解　原式 $= \dfrac{(-1)^2 - 3(-1) + 1}{(-1)^2 + 4(-1) - 2} = -1$.

以下各例都无法直接应用法则,需适当化简后再应用(应清楚每一步求法的根据).

2. $\dfrac{0}{0}$ 型

求解的方法是分子和分母同时约去使分母为 0 的式子. 常用的方法有: 因式分解法、提取公因式法、分子或分母有理化法及 $\lim\limits_{x \to 0} \dfrac{\sin x}{x} = 1$(下节介绍).

例 2　$\lim\limits_{x \to -1} \dfrac{x^2 + x}{2x^2 + x - 1}$.

解　原式 $= \lim\limits_{x \to -1} \dfrac{x(x+1)}{(2x-1)(x+1)} = \lim\limits_{x \to -1} \dfrac{x}{2x-1} = \dfrac{1}{3}$.

例 3　$\lim\limits_{x \to 0} \dfrac{3x^2 + 2x}{2x^3 + x^2 - x}$.

解　原式 $= \lim\limits_{x \to 0} \dfrac{3x + 2}{2x^2 + x - 1} = -2$.

例 4　$\lim\limits_{x \to 1} \dfrac{\sqrt{x+3} - 2}{x - 1}$.

解　原式 $= \lim\limits_{x \to 1} \dfrac{x + 3 - 4}{(x-1)(\sqrt{x+3} + 2)} = \lim\limits_{x \to 1} \dfrac{1}{\sqrt{x+3} + 2} = \dfrac{1}{4}$.

3. $\dfrac{\infty}{\infty}$ 型

求解的方法是分子和分母同时除以最大项.

例 5　$\lim\limits_{x \to \infty} \dfrac{2x^2 - x - 1}{3x^2 - 2x - 1}$.

解　原式 $= \lim\limits_{x \to \infty} \dfrac{2 - \dfrac{1}{x} - \dfrac{1}{x^2}}{3 - \dfrac{2}{x} - \dfrac{1}{x^2}} = \dfrac{2}{3}$.

例 6　$\lim\limits_{x \to \infty} \dfrac{2x^2 - x - 1}{3x^3 - 2x - 1}$.

解 原式 $= \lim\limits_{x\to\infty} \dfrac{\dfrac{2}{x}-\dfrac{1}{x^2}-\dfrac{1}{x^3}}{3-\dfrac{2}{x^2}-\dfrac{1}{x^3}} = 0.$

例 7 $\lim\limits_{x\to\infty} \dfrac{2x^3-x-1}{3x^2-2x-1}.$

解 原式 $= \lim\limits_{x\to\infty} \dfrac{2-\dfrac{1}{x^2}-\dfrac{1}{x^3}}{\dfrac{3}{x}-\dfrac{2}{x^2}-\dfrac{1}{x^3}} = \infty.$

例 8 $\lim\limits_{x\to+\infty} \dfrac{2^x+3^x}{3^{x+1}-2^{x+1}}.$

解 原式 $= \lim\limits_{x\to+\infty} \dfrac{\dfrac{1}{3}\left(\dfrac{2}{3}\right)^x+\dfrac{1}{3}}{1-\left(\dfrac{2}{3}\right)^{x+1}} = \dfrac{1}{3}.$

例 9 $\lim\limits_{x\to+\infty} \dfrac{(3x-2)^{30}}{(x+2)^{10}(2x-3)^{20}}.$

解 原式 $= \lim\limits_{x\to+\infty} \dfrac{\left(3-\dfrac{2}{x}\right)^{30}}{\left(1+\dfrac{2}{x}\right)^{10}\left(2-\dfrac{3}{x}\right)^{20}} = \dfrac{3^{30}}{2^{20}}.$

例 10 $\lim\limits_{n\to\infty}\left(\dfrac{1}{n^2}+\dfrac{2}{n^2}+\cdots+\dfrac{n}{n^2}\right).$

解 原式 $= \lim\limits_{n\to\infty} \dfrac{1+2+\cdots+n^2}{n^2} = \lim\limits_{n\to\infty} \dfrac{n(n+1)}{2n^2} = \lim\limits_{n\to\infty} \dfrac{1+\dfrac{1}{n}}{2} = \dfrac{1}{2}.$

4. $\infty-\infty$ 型

求解的方法是转化为 $\dfrac{0}{0}$ 或 $\dfrac{\infty}{\infty}$. 常用的方法有通分母法和分子有理化法.

例 11 $\lim\limits_{x\to1}\left(\dfrac{1}{x-1}-\dfrac{2}{x^2-1}\right).$

解 原式 $= \lim\limits_{x\to1} \dfrac{x-1}{(x-1)(x+1)} = \lim\limits_{x\to1} \dfrac{1}{x+1} = \dfrac{1}{2}.$

例 12 $\lim\limits_{n\to+\infty}\left(\sqrt{x+\sqrt{x}}-\sqrt{x}\right).$

解　原式 $= \lim\limits_{x \to +\infty} \dfrac{\sqrt{x}}{\sqrt{x + \sqrt{x}} + \sqrt{x}} = \lim\limits_{x \to +\infty} \dfrac{1}{\sqrt{1 + \sqrt{\dfrac{1}{x}}} + 1} = \dfrac{1}{2}.$

5. $0 \cdot \infty$ 型

求解的方法是转化为 $\dfrac{0}{0}$ 或 $\dfrac{\infty}{\infty}$. 略.

练习题 1.3

1. 求下列极限：

(1) $\lim\limits_{x \to 1} \dfrac{x^2 + 6x + 5}{x^2 + 3x + 2}$；

(2) $\lim\limits_{x \to 1} \dfrac{x^2 + 1}{x - 1}$；

(3) $\lim\limits_{x \to 1} \dfrac{x^2 - 2x + 1}{x^2 - 1}$；

(4) $\lim\limits_{x \to 0}(\dfrac{x^3 - 2x + 1}{3x - 1} + \mathrm{e}^x)$；

(5) $\lim\limits_{x \to 2} \dfrac{x^2 - 3x + 2}{2x^2 + x - 10}$；

(6) $\lim\limits_{x \to 0} \dfrac{3x^3 - 2x^2 + x}{x^2 + 2x}$；

(7) $\lim\limits_{x \to 3} \dfrac{x^2 - 6x + 9}{x^2 - 4x + 3}$；

(8) $\lim\limits_{x \to 1} \dfrac{x^4 + 2x^2 - 3}{x^2 - 3x + 2}$；

(9) $\lim\limits_{x \to -1} \dfrac{x^2 - 2x - 3}{x^3 - x}$；

(10) $\lim\limits_{x \to 0} \dfrac{\sqrt{x + 1} - 1}{x}$；

(11) $\lim\limits_{x \to 1} \dfrac{\sqrt{2x + 7} - 3}{\sqrt{3x + 1} - 2}$；

(12) $\lim\limits_{x \to 1} \dfrac{x + 1}{x - 1}$.

2. 求下列极限：

(1) $\lim\limits_{x \to \infty} \dfrac{x^2 + 2x - 3}{2x^2 + x - 3}$；

(2) $\lim\limits_{x \to \infty} \dfrac{2x^2 + 3}{x^3 - 2x + 1}$；

(3) $\lim\limits_{x \to \infty} \dfrac{x^3 + x^2 - 2}{x^2 - 2x - 1}$；

(4) $\lim\limits_{x \to \infty} \dfrac{(x + 2)^5 - 3}{2x^5 - 1}$；

(5) $\lim\limits_{x \to +\infty} (\mathrm{e}^{-x} + \arctan x + \dfrac{1}{x^3})$；

(6) $\lim\limits_{x \to \infty}(\dfrac{3x^2}{2 + 3x^2} - 5^{\frac{1}{x}})$；

(7) $\lim\limits_{x \to \infty} \dfrac{(3x - 2)^{30}}{(x + 2)^{10}(2x - 3)^{20}}$；

(8) $\lim\limits_{x \to \infty}(\dfrac{x^3}{2x^2 - 1} - \dfrac{x^2}{2x + 1})$；

(9) $\lim\limits_{x \to +\infty} \sqrt{x}(\sqrt{x + 2} - \sqrt{x + 1})$；

(10) $\lim\limits_{n \to +\infty}(\dfrac{1}{1 \cdot 2} + \dfrac{1}{2 \cdot 3} + \cdots + \dfrac{1}{n \cdot (n + 1)})$.

1.4 两个重要极限

1.4.1 第一个重要极限

公式：$\lim\limits_{x \to 0} \dfrac{\sin x}{x} = 1$.

推论：$\lim\limits_{f(x) \to 0} \dfrac{\sin f(x)}{f(x)} = 1$.

例 1 $\lim\limits_{x \to 0} \dfrac{\sin 2x}{5x}$.

解 原式 $= \lim\limits_{x \to 0} \dfrac{2\sin 2x}{5 \cdot 2x} = \dfrac{2}{5} \lim\limits_{x \to 0} \dfrac{\sin 2x}{2x} = \dfrac{2}{5}$.

例 2 $\lim\limits_{x \to 0} \dfrac{\tan 3x}{\sin 2x}$.

解 原式 $= \lim\limits_{x \to 0} \left(\dfrac{3\sin 3x}{3\cos 3x} \cdot \dfrac{2x}{2x\sin 2x} \right)$

$= \dfrac{3}{2} \lim\limits_{x \to 0} \dfrac{\sin 3x}{3x} \cdot \lim\limits_{x \to 0} \dfrac{2x}{\sin 2x} \cdot \lim\limits_{x \to 0} \dfrac{1}{\cos 3x} = \dfrac{3}{2}$.

例 3 $\lim\limits_{x \to 0} \dfrac{1 - \cos \dfrac{x}{2}}{x^2}$.

解 原式 $= \lim\limits_{x \to 0} \dfrac{2\sin^2 \dfrac{x}{4}}{x^2} = \lim\limits_{x \to 0} \dfrac{2\sin^2 \dfrac{x}{4}}{16\left(\dfrac{x}{4}\right)^2} = \dfrac{1}{8}$.

例 4 $\lim\limits_{x \to 0} \dfrac{\tan x - \sin x}{x^3}$.

解 原式 $= \lim\limits_{x \to 0} \dfrac{\sin x \left(\dfrac{1}{\cos x} - 1\right)}{x^3} = \lim\limits_{x \to 0} \left(\dfrac{\sin x}{x} \cdot \dfrac{1 - \cos x}{x^2} \cdot \dfrac{1}{\cos x} \right)$

$= \lim\limits_{x \to 0} \left(\dfrac{\sin x}{x} \cdot \dfrac{2\sin^2 \dfrac{x}{2}}{4 \cdot \dfrac{x^2}{4}} \cdot \dfrac{1}{\cos x} \right) = \dfrac{1}{2}$.

例 5 $\lim\limits_{x \to \pi} \dfrac{\tan x}{x - \pi}$.

解 原式 $= \lim\limits_{x \to \pi} \dfrac{-\tan(\pi - x)}{-(\pi - x)} = 1$.

注:公式 $\lim\limits_{f(x) \to 0} \dfrac{\sin f(x)}{f(x)} = 1$ 适用于三角函数与幂函数相除的情形,解题的思路是把分母演化出正弦的角度函数,而后利用公式.

1.4.2 第二个重要极限

公式:$\lim\limits_{x \to \infty} \left(1 + \dfrac{1}{x}\right)^{x} = \mathrm{e}$.

推论:$\lim\limits_{f(x) \to \infty} \left(1 + \dfrac{1}{f(x)}\right)^{f(x)} = \mathrm{e}$ 和 $\lim\limits_{x \to 0} (1 + x)^{\frac{1}{x}} = \mathrm{e}$.

例 6 $\lim\limits_{x \to \infty} \left(1 + \dfrac{2}{x}\right)^{x}$.

解 原式 $= \lim\limits_{x \to \infty} \left(1 + \dfrac{1}{\frac{x}{2}}\right)^{\frac{x}{2} \cdot 2} = \mathrm{e}^{2}$.

例 7 $\lim\limits_{x \to \infty} \left(1 + \dfrac{2}{3x}\right)^{2x}$.

解 原式 $= \lim\limits_{x \to \infty} \left(1 + \dfrac{1}{\frac{3x}{2}}\right)^{\frac{3x}{2} \cdot \frac{4}{3}} = \mathrm{e}^{\frac{4}{3}}$.

例 8 $\lim\limits_{x \to \infty} \left(1 - \dfrac{1}{2x}\right)^{x+1}$.

解 原式 $= \lim\limits_{x \to \infty} \left(1 + \dfrac{1}{-2x}\right)^{-2x \cdot \left(-\frac{x+1}{2x}\right)} = \mathrm{e}^{-\frac{1}{2}}$.

例 9 $\lim\limits_{x \to 0} (1 - 2x)^{\frac{2}{3x}}$.

解 原式 $= \lim\limits_{x \to 0} \left[1 + (-2x)\right]^{\frac{1}{-2x} \cdot (-2x) \cdot \frac{2}{3x}} = \mathrm{e}^{-\frac{4}{3}}$.

例 10 $\lim\limits_{x \to \infty} \left(\dfrac{3x-1}{3x+1}\right)^{2x-1}$.

解 原式 $= \lim\limits_{x \to \infty} \left(1 - \dfrac{2}{3x+1}\right)^{2x-1} = \lim\limits_{x \to \infty} \left(1 + \dfrac{1}{\frac{3x+1}{-2}}\right)^{\frac{3x+1}{-2} \cdot \frac{-2}{3x+1} \cdot (2x-1)} = \mathrm{e}^{-\frac{4}{3}}$.

注:公式 $\lim\limits_{f(x) \to \infty} \left(1 + \dfrac{1}{f(x)}\right)^{f(x)} = \mathrm{e}$ 适用于 1^{∞} 类型,解题思路是把指数

演化出分母函数,而后利用公式.

练习题 1.4

1. 求下列极限:

(1) $\lim\limits_{x \to \infty} x \sin \dfrac{1}{x}$；

(2) $\lim\limits_{x \to 0} \dfrac{\sin 6x}{3x}$；

(3) $\lim\limits_{x \to 0} \dfrac{\sin(n-1)x}{\sin(n+1)x}$；

(4) $\lim\limits_{x \to 0} \dfrac{\sin 3x}{\tan 2x}$；

(5) $\lim\limits_{x \to 0} \dfrac{1 - \cos 2x}{x}$；

(6) $\lim\limits_{x \to 0} \dfrac{x - \sin x}{x + \sin x}$；

(7) $\lim\limits_{x \to 0} \dfrac{x - \cos x}{x + \cos x}$；

(8) $\lim\limits_{x \to 0} \dfrac{\tan x - \sin x}{\sin^3 x}$；

(9) $\lim\limits_{x \to 0} \dfrac{\sin 3x - \sin 2x}{x}$；

(10) $\lim\limits_{x \to 0} \dfrac{\arcsin x}{x}$.

2. 求下列极限:

(1) $\lim\limits_{x \to \infty} (1 + \dfrac{2}{5x})^x$；

(2) $\lim\limits_{x \to \infty} (1 + \dfrac{3}{2x})^x$；

(3) $\lim\limits_{x \to \infty} (1 - \dfrac{2}{x})^x$；

(4) $\lim\limits_{x \to 0} (1 + 2x)^{\frac{1}{x}}$；

(5) $\lim\limits_{x \to \infty} (1 - \dfrac{1}{x^2})^{2x^2}$；

(6) $\lim\limits_{x \to \infty} (\dfrac{x}{x+1})^{2x}$；

(7) $\lim\limits_{x \to \infty} (\dfrac{3x+1}{3x-1})^{x-1}$；

(8) $\lim\limits_{x \to +\infty} (\dfrac{2x-1}{2x+1})^x$.

1.5　无穷小、无穷大

1.5.1　概念

若 $\lim\limits_{x \to ?} f(x) = 0$，则称 $f(x)$ 为当 $x \to ?$ 时的无穷小量(简称无穷小).

若 $\lim\limits_{x \to ?} f(x) = \infty$，则称 $f(x)$ 为当 $x \to ?$ 时的无穷大量(简称无穷大).

例 1　由于 $\lim\limits_{x \to +\infty} \dfrac{1}{\sqrt{x}} = 0$，所以，当 $x \to +\infty$ 时，函数 $\dfrac{1}{x}$ 是无穷小；

$\lim\limits_{x \to 0^+} \dfrac{1}{\sqrt{x}} = +\infty$，所以，当 $x \to 0^+$ 时，函数 $\dfrac{1}{x}$ 是无穷大.

例 2 由于 $\lim\limits_{x \to 0^-} 2^{\frac{1}{x}} = 0$,所以,当 $x \to 0^-$ 时,函数 $2^{\frac{1}{x}}$ 是无穷小;

$\lim\limits_{x \to 0^+} 2^{\frac{1}{x}} = +\infty$,所以,当 $x \to 0^+$ 时,函数 $2^{\frac{1}{x}}$ 是无穷大.

例 3 由于 $\lim\limits_{x \to 1} \ln x = 0$,所以,当 $x \to 1$ 时,函数 $\ln x$ 是无穷小;

$\lim\limits_{x \to 0^+} \ln x = -\infty$,所以,当 $x \to 0^+$ 时,函数 $\ln x$ 是无穷大;

$\lim\limits_{x \to +\infty} \ln x = +\infty$,所以,当 $x \to +\infty$ 时,函数 $\ln x$ 是无穷大.

注:(1) 说某个变量是无穷大或无穷小,一定要指出前提 $x \to$?时.

(2) 无穷小、无穷大不是一个数,而是一个变量.

(3)0 是无穷小.

1.5.2 性质

1. 有限个无穷小之和仍是无穷小.

注:若是无穷多个无穷小则不然,如 $\lim\limits_{n \to \infty} \left(\dfrac{1}{n^2} + \dfrac{2}{n^2} + \cdots + \dfrac{n}{n^2} \right) = \dfrac{1}{2}$.

2. 有界函数与无穷小之积仍是无穷小.

注:这条性质在极限的运算中经常用到.

例 4 求 $\lim\limits_{x \to 0} x \sin \dfrac{1}{x}$.

解 由于 $\lim\limits_{x \to 0} x = 0$,而 $\left| \sin \dfrac{1}{x} \right| \leqslant 1$,所以 $\lim\limits_{x \to 0} x \sin \dfrac{1}{x} = 0$.

例 5 求 $\lim\limits_{x \to \infty} \dfrac{\sin x}{x}$.

解 由于 $\lim\limits_{x \to \infty} \dfrac{1}{x} = 0$,而 $\sin x$ 是有界函数,所以 $\lim\limits_{x \to \infty} \dfrac{\sin x}{x} = 0$.

3. 有限个无穷小的积仍是无穷小.

4. 当 $x \to$?时,无穷小 $f(x)$ 的倒数 $\dfrac{1}{f(x)}$ 是无穷大;反之亦然.

例 6 求 $\lim\limits_{x \to +\infty} (x^2 - x + 1)$.

解 因为 $\lim\limits_{x \to +\infty} \dfrac{1}{x^2 - x + 1} = 0$,所以 $\lim\limits_{x \to +\infty} (x^2 - x + 1) = \infty$.

1.5.3 无穷小阶的比较

一般地,设 $\alpha(x)$ 和 $\beta(x)$ 是 $x \to$?时的两个无穷小,若

13

(1) $\lim\limits_{x\to ?}\dfrac{\beta(x)}{\alpha(x)}=0$，则称当 $x\to?$ 时，$\beta(x)$ 是比 $\alpha(x)$ 高阶无穷小（即 β 比 α 趋于 0 的"速度"快），记为 $\beta(x)=o(\alpha(x))(x\to?)$.

(2) $\lim\limits_{x\to ?}\dfrac{\beta(x)}{\alpha(x)}=\infty$，则称当 $x\to?$ 时，$\beta(x)$ 是比 $\alpha(x)$ 低阶的无穷小（即 β 比 α 趋于 0 的"速度"慢）.

(3) $\lim\limits_{x\to ?}\dfrac{\beta(x)}{\alpha(x)}=C\neq0$，则称当 $x\to?$ 时，$\beta(x)$ 与 $\alpha(x)$ 是同阶的无穷小（即 β 与 α 趋于 0 的"速度""几乎相当"）.

特殊地，当 $C=1$ 时，则称 $\beta(x)$ 与 $\alpha(x)$ 是等价无穷小，记为 $\alpha(x)\sim\beta(x)$（其中 $x\to?$）.

例如：由于 $\lim\limits_{x\to0}\dfrac{\sin x}{x}=1,\lim\limits_{x\to0}\dfrac{\tan x}{x}=1$，所以当 $x\to0$ 时，x 与 $\sin x$，x 与 $\tan x$ 都是等价无穷小.

例 7　比较 $x\to0$ 时，无穷小 $1-\cos x$ 与 $\dfrac{1}{2}x^2$ 的阶.

解
$$\lim\limits_{x\to0}\frac{1-\cos x}{\frac{1}{2}x^2}=\lim\limits_{x\to0}\frac{\sin^2\frac{x}{2}}{\left(\frac{1}{2}x\right)^2}=1.$$

所以当 $x\to0$ 时，无穷小 $1-\cos x$ 与 $\dfrac{1}{2}x^2$ 是等价无穷小.

练习题 1.5

1. 指出下列各题是无穷小量还是无穷大量：

(1) $\dfrac{10^{10}}{x}(x\to\infty)$；

(2) $\ln\dfrac{1}{x}(x\to+\infty)$；

(3) $\dfrac{\sin x}{1+\cos x}(x\to0)$；

(4) $\dfrac{\tan x-\sin x}{x^2}(x\to0)$.

(5) $e^{\frac{1}{x-1}}(x\to1^+)$；

(6) $e^{\frac{1}{x-1}}(x\to1^-)$；

2. 求下列极限：

(1) $\lim\limits_{x\to0}x\sin\dfrac{1}{x}$；

(2) $\lim\limits_{x\to\infty}\dfrac{x-\sin x}{x+\sin x}$；

(3) $\lim\limits_{x\to0}\dfrac{\tan2x}{x}$；

(4) $\lim\limits_{x\to\pi}\dfrac{\sin3x}{x-\pi}$；

(5) $\lim\limits_{x \to 0} \dfrac{\sin 3x}{\sin 6x}$；

(6) $\lim\limits_{x \to 0} \dfrac{\tan x - \sin x}{x^2 \sin x}$；

(7) $\lim\limits_{x \to 1} \dfrac{\tan(x^2 - 1)}{x - 1}$；

(8) $\lim\limits_{x \to 3} \dfrac{\sqrt{2x + 3} - 3}{\sqrt[3]{3x - 1} - 2}$.

1.6 函数的连续性

在现实世界中有许多连续变化着的量,如一天中温度的变化、海水的涨跌、地球的自转等等,都是连续变化着的量,这种现象反映在函数关系上就是函数连续性.

为了刻画说明函数的连续性,我们先引入增量的概念.

1.6.1 增量

Δx:称为从 x_0 变到 x 的自变量 x 的增量,记为 $\Delta x = x - x_0$.

Δy:称为从 x_0 变到 x 的函数 $f(x)$ 的增量,记为 $\Delta y = f(x) - f(x_0)$.

所以,$x = x_0 + \Delta x$,$\Delta y = f(x_0 + \Delta x) - f(x_0)$.

1.6.2 连续

1. 函数在点 x_0 处连续

若 $f(x)$ 在点 x_0 及其近旁有定义,且 $\lim\limits_{x \to x_0} f(x) = f(x_0)$(或 $\lim\limits_{\Delta x \to 0} \Delta y = 0$),则称 $f(x)$ 在点 x_0 处连续,否则称为间断(不连续).

当 $\Delta x \to 0$(即 $x \to x_0$)时,若 $\Delta y \to 0$(即 $f(x) \to f(x_0)$),通俗地说,即当 x 趋于 x_0 时,$f(x)$ 的值也"同步平稳"地到达 $f(x_0)$,那么从图像上观察函数 $f(x)$ 在点 x_0 会有什么样的性态呢?不难发现这正好刻画了 $f(x)$ 在点 x_0 是连续的这个事实.

2. 间断

(1)间断条件

从连续的定义可看出,函数间断必至少具备如下三点之一:

① $f(x)$ 在点 x_0 无定义.

② $\lim\limits_{x \to x_0} f(x)$ 不存在.

③ $\lim\limits_{x \to x_0} f(x) = A$,但 $A \neq f(x_0)$.

（2）间断类型

① 极限存在的间断,称 $x = x_0$ 为可去间断点;可通过补充定义或改变函数在某点的定义使之连续.

如 $f(x) = \dfrac{x^2-1}{x-1}$,在 $x = 1$ 点无定义,但 $\lim\limits_{x \to 1} \dfrac{x^2-1}{x-1} = 2$ 存在,称 $x = 1$ 为可去间断点;

令 $f(x) = \begin{cases} \dfrac{x^2-1}{x-1} & x \neq 1 \\ 2 & x = 1 \end{cases}$,则函数 $f(x)$ 是连续函数.如图 1.6.1.

② 左右极限都存在但不相等的间断,称 $x = x_0$ 为跳跃间断点.

如 $f(x) = \begin{cases} x & x \geqslant 0 \\ x-1 & x < 0 \end{cases}$,在 $x = 0$ 点处间断,$x = 0$ 为跳跃间断点.如图 1.6.2.

③ $\lim\limits_{x \to x_0} f(x) = \infty$,称 $x = x_0$ 为无穷间断点.

如 $f(x) = \dfrac{1}{x^2}$,在 $x = 0$ 点处间断,$x = 0$ 为无穷间断点.

又如 $f(x) = \begin{cases} x+1 & x \neq 1 \\ 0 & x = 1 \end{cases}$,在 $x = 1$ 点处是可去间断.

令 $f(x) = \begin{cases} x+1 & x \neq 1 \\ 2 & x = 1 \end{cases}$,则函数 $f(x)$ 是连续函数.如图 1.6.3.

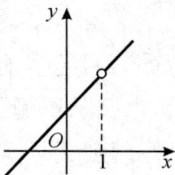
图 1.6.1

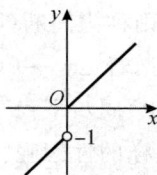
图 1.6.2

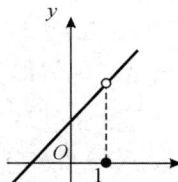
图 1.6.3

注意到,当极限 $\lim\limits_{x \to x_0} f(x)$ 存在时的间断点的性质仅是一点的问题,而当极限 $\lim\limits_{x \to x_0} f(x)$ 不存在时的间断点,其性质不同,间断是由于"断裂"引起的,是全局的问题,是"不可补救"的.

例 1 求证函数 $f(x) = \begin{cases} 1+x & x \geqslant 0 \\ 1-x & x < 0 \end{cases}$ 在 $x = 0$ 点处是连续的.

证明 显然 $f(x)$ 在 $x = 0$ 点及其近旁有定义,且 $f(0) = 1$,由于
$$\lim_{x \to 0^+} f(x) = \lim_{x \to 0^+} (1+x) = 1, \quad \lim_{x \to 0^-} f(x) = \lim_{x \to 0^-} (1-x) = 1,$$
故有
$$\lim_{x \to 0} f(x) = 1 = f(0).$$
所以 $f(x)$ 在 $x = 0$ 点处是连续的.

例 2 试确定函数 $f(x) = \begin{cases} x\cos \dfrac{1}{x} & x \neq 0 \\ 0 & x = 0 \end{cases}$ 在 $x = 0$ 点处的连续性.

解 显然 $f(x)$ 在 $x = 0$ 点及其近旁有定义,且 $f(0) = 0$,
$$\lim_{x \to 0} f(x) = \lim_{x \to 0} x\cos \frac{1}{x} = 0 = f(0).$$
所以 $f(x)$ 在 $x = 0$ 点处是连续的.

思考:判别 $f(x)$ 在某点处的连续性,是否都需要分左右极限考虑?若不是分段函数,有没有必要分左右极限计算?

3. 函数的连续性

若 $f(x)$ 在 (a,b) 内点点连续,称 $f(x)$ 在 (a,b) 内连续.

若 $f(x)$ 在 (a,b) 内连续,且有 $\lim_{x \to a^+} f(x) = f(a)$(右连续)和 $\lim_{x \to b} f(x) = f(b)$(左连续),则称 $f(x)$ 在 $[a,b]$ 上连续.

一般地,初等函数在其定义域内均是连续的,即初等函数的连续区间等价于定义区间.

例 3 求函数 $f(x) = \dfrac{x+1}{x^2 - 2x - 3}$ 的间断点和连续区间.

解 令 $x^2 - 2x - 3 = 0$,得 $x = -1, x = 3$.
所以,函数 $f(x)$ 的连续区间是 $(-\infty, -1) \cup (-1, 3) \cup (3, +\infty)$.

例 4 已知函数 $f(x) = \begin{cases} \dfrac{1}{x-1} & x \geqslant 0 \\ x^2 & x < 0 \end{cases}$,试求 $f(x)$ 的连续区间.

解 由于 $\lim_{x \to 0^+} f(x) = \lim_{x \to 0^+} \dfrac{1}{x-1} = -1$,$\lim_{x \to 0^-} f(x) = \lim_{x \to 0^-} x^2 = 0$,所以 $\lim_{x \to 0} f(x)$ 不存在.且当 $x = 1$ 时,$f(x) = \dfrac{1}{x-1}$ 间断,因此,$f(x)$ 的连续区间是 $(-\infty, 0) \cup (0, 1) \cup (1, +\infty)$.

例 5 已知函数 $f(x) = \begin{cases} \dfrac{x-1}{x^2-1} & x \neq 0 \\ 1 & x = 0 \end{cases}$，求 $f(x)$ 的连续区间.

解 $f(x)$ 在 $x = 0$ 点及其近旁有定义，且 $f(0) = 1$，由于

$$\lim_{x \to 0} f(x) = \lim_{x \to 0} \frac{x-1}{x^2-1} = \lim_{x \to 0} \frac{1}{x+1} = 1 = f(0).$$

所以，$f(x)$ 在 $x = 0$ 点处是连续的，而 $f(x)$ 在 $x = 1$ 和 $x = -1$ 点处是间断的，因此，连续区间是 $(-\infty, -1) \bigcup (-1, 1) \bigcup (1, +\infty)$.

例 6 设函数 $f(x) = \begin{cases} \ln(1+2x)^{\frac{1}{x}} & x \neq 0 \\ k & x = 0 \end{cases}$，问怎样选择 k，使函数在点 $x = 0$ 处连续？

解 $f(x)$ 在 $x = 0$ 点及其近旁有定义，且 $f(0) = k$，由于

$$\lim_{x \to 0} f(x) = \lim_{x \to 0} \ln(1+2x)^{\frac{1}{x}} = \lim_{x \to 0} \ln(1+2x)^{\frac{2}{x} \cdot \frac{1}{2}} = \frac{1}{2},$$

所以，令 $k = \dfrac{1}{2}$，则有 $\lim\limits_{x \to 0} f(x) = \dfrac{1}{2} = f(0)$，函数

$$f(x) = \begin{cases} \ln(1+2x)^{\frac{1}{x}} & x \neq 0 \\ \dfrac{1}{2} & x = 0 \end{cases}$$

在点 $x = 0$ 处连续.

1.6.3　闭区间上连续函数的性质

（1）**最值性质**：若 $f(x)$ 在闭区间 $[a,b]$ 上连续，则在闭区间 $[a,b]$ 上，$f(x)$ 至少取得最大值和最小值各一个.

（2）**介值性质**：若 $f(x)$ 在闭区间 $[a,b]$ 上连续，则对于介于 $f(a)$ 与 $f(b)$ 之间的任意的数 C，至少存在一个点 $\xi \in (a,b)$，使 $f(\xi) = C$.

特殊地，若有 $f(a) \cdot f(b) < 0$ 成立，则 $f(x)$ 在 (a,b) 内至少有一个实根.（零点性质）

例 7 证明 $f(x) = x^3 - 3x + 1$ 在 $(0,1)$ 内至少有一个实根.

证明 显然 $f(x)$ 在 $[0,1]$ 上连续，且 $f(0) = 1$，$f(1) = -1$，即 $f(0) \cdot f(1) < 0$.

由零点性质，$f(x)$ 在 $(0,1)$ 内至少有一个实根.

练习题 1.6

1. 设函数 $f(x) = x^2 - x + 3$,求适合下列条件的函数的增量:

(1) 当 x 由 1 变到 2;　　　　　　(2) 当 x 由 2 变到 1;

(3) 当 x 由 1 变到 $1 + \Delta x$;　　　　(4) 当 x 由 x_0 变到 $x_0 + \Delta x$.

2. 求函数 $f(x) = \dfrac{x-1}{x^2-1}$ 的连续区间.

3. 设函数 $f(x) = \begin{cases} \dfrac{x^2-4}{x-2} & x \neq 2 \\ 1 & x = 2 \end{cases}$,讨论函数在点 $x = 2$ 的连续性.

4. 求下列函数的间断点:

(1) $f(x) = \dfrac{1}{(x-1)^2}$;　　　　　　(2) $f(x) = \dfrac{\tan x}{x}$;

(3) $f(x) = \dfrac{x^2-1}{x^2-3x+2}$;　　　(4) $f(x) = \begin{cases} 2x+1 & x > 1 \\ 2x-1 & x \leqslant 1 \end{cases}$;

(5) $f(x) = \begin{cases} 2x-1 & x \geqslant 0 \\ \dfrac{\sin x}{x} & x < 0 \end{cases}$.

5. 设函数 $f(x) = \begin{cases} \dfrac{\sin 2x}{x} & x \neq 0 \\ k & x = 0 \end{cases}$,问怎样选择 k,使函数在点 $x = 0$ 处连续?

6. 证明方程 $x^4 - 3x^2 + 1 = 0$ 在 1 与 2 之间至少存在一个实根.

7. 求下列极限:

(1) $\lim\limits_{x \to 0} \ln \cos x$;　　　　　　(2) $\lim\limits_{x \to 0} \sqrt{x^2 - 2x + 9}$;

(3) $\lim\limits_{x \to 1} \ln(e^{x-1} + x)$;　　　(4) $\lim\limits_{x \to 3} \dfrac{\sqrt{2x-2}-2}{x-3}$;

(5) $\lim\limits_{x \to 0} \dfrac{\sin mx}{\tan nx}, n \neq 0$;　　(6) $\lim\limits_{x \to -1} \dfrac{e^x + 1}{x}$.

复习题(一)

1. 求下列极限:

(1) $\lim\limits_{x \to 1} \dfrac{x^2-3x+2}{x-1}$;　　　(2) $\lim\limits_{x \to \infty} \dfrac{x^4-3x^3+1}{2x^4+5x^2-6}$;

(3) $\lim_{x \to 2} \dfrac{2 - \sqrt{x + 2}}{2 - x}$;

(4) $\lim_{x \to 2}(\dfrac{1}{x - 2} - \dfrac{12}{x^3 - 8})$.

2. 求下列极限：

(1) $\lim_{x \to 0} \dfrac{\sin \omega x}{x}$;

(2) $\lim_{x \to 0} \dfrac{x - \sin x}{x + \sin x}$;

(3) $\lim_{x \to \infty}(\dfrac{1 + x}{x})^{2x}$;

(4) $\lim_{x \to \infty}(\dfrac{3x + 4}{3x - 1})^{x + 1}$.

3. 求下列极限：

(1) $\lim_{x \to 0} \sqrt{x^2 - 2x + 5}$;

(2) $\lim_{x \to \frac{\pi}{4}}(\sin 2x)^3$;

(3) $\lim_{x \to \frac{\pi}{9}}\ln(2\cos 3x)$;

(4) $\lim_{x \to \frac{\pi}{4}} \dfrac{\sin 2x}{2\cos(\pi - x)}$;

(5) $\lim_{x \to 0} \dfrac{1 - \cos x}{x \sin x}$;

(6) $\lim_{x \to 0^+} \dfrac{\sin ax}{\sqrt{1 - \cos x}}$ $(a \neq 0)$.

4. 讨论下列函数的连续性，如有间断点，指出其类型：

(1) $y = \dfrac{x^2 - 4}{x^2 - 3x + 2}$;

(2) $y = \dfrac{\tan 2x}{x}$;

(3) $y = \dfrac{e^{\frac{1}{x}} + 1}{e^{\frac{1}{x}} - 1}$;

(4) $y = \begin{cases} 2^{\frac{1}{x}} & x < 0 \\ 1 & x = 0. \\ \sqrt{x} & x > 0 \end{cases}$

第二章　　导数与微分

2.1　　导数的概念

2.1.1　两个实例

1. 变速直线运动

我们知道,求物体作匀速直线运动的速度 v 有公式 $v = \dfrac{s}{t}$(其中 s 表示路程,t 表示时间).但如果求变速直线运动的瞬时速度就无法用这个公式,此时我们可以先考虑时间区间 $(t_0, t_0 + \Delta t)$ 内的平均速度 $\overline{v} = \dfrac{s(t_0 + \Delta t) - s(t_0)}{\Delta t}$,显然当 $\Delta t \to 0$ 时,$\overline{v}$(如果存在) 即是物体在时刻 t_0 时的瞬时速度 $v \mid_{t = t_0} = \lim\limits_{\Delta t \to 0} \overline{v} = \lim\limits_{\Delta t \to 0} \dfrac{s(t_0 + \Delta t) - s(t_0)}{\Delta t}$.

2. 曲线切线的斜率

如图 2.1.1,曲线在点 x_0 处的切线 $M_0 T$ 为当割线 $M_0 M$ 绕着切点 M_0 旋转至切线位置 $M_0 T$ 时的直线,则斜率 $k = \tan\alpha = \lim\limits_{\Delta x \to 0} \dfrac{\Delta y}{\Delta x} = \lim\limits_{\Delta x \to 0} \dfrac{f(x_0 + \Delta x) - f(x_0)}{\Delta x}$(如果极限存在的话).

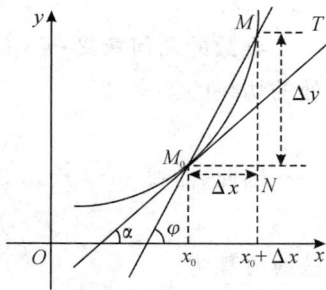

图 2.1.1

2.1.2　导数的概念

以上两例是变速直线运动的瞬时速度和曲线切线的斜率的具体问题,

由此可抽象出导数的概念.

定义 1：设函数 $f(x)$ 在点 x_0 及其近旁有定义，若极限 $\lim\limits_{\Delta x \to 0} \dfrac{\Delta y}{\Delta x}$ 存在，则此极限称为函数 $f(x)$ 在点 x_0 处的导数（或称 $f(x)$ 在点 x_0 处可导，否则称 $f(x)$ 在点 x_0 处不可导）. 记作

$$f'(x_0), y'\big|_{x=x_0}, \frac{\mathrm{d}y}{\mathrm{d}x}\big|_{x=x_0} \text{ 或 } \frac{\mathrm{d}f(x)}{\mathrm{d}x}\big|_{x=x_0},$$

即

$$f'(x_0) = \lim_{\Delta x \to 0} \frac{\Delta y}{\Delta x} = \lim_{\Delta x \to 0} \frac{f(x_0 + \Delta x) - f(x_0)}{\Delta x} = \lim_{x \to x_0} \frac{f(x) - f(x_0)}{x - x_0}.$$

定义 2：若函数 $f(x)$ 在区间 (a,b) 内点点可导，则称函数 $f(x)$ 在 (a,b) 内可导；又若 $f'_+(a)$ 和 $f'_-(b)$ 存在，则称函数 $f(x)$ 在闭区间 $[a,b]$ 上可导.

其中，$f'_-(x_0) = \lim\limits_{x \to x_0^-} \dfrac{f(x) - f(x_0)}{x - x_0}$，$f'_+(x_0) = \lim\limits_{x \to x_0^+} \dfrac{f(x) - f(x_0)}{x - x_0}$ 分别称为函数 $f(x)$ 在点 x_0 处的左、右导数.

若函数 $f(x)$ 在区间 (a,b) 内点点可导，则对于 (a,b) 内的每一点 x，必存在一个导数与之对应，这样就确定了一个新的函数，称为函数 $f(x)$ 的导函数，简称为导数. 记作

$$f'(x), y', \frac{\mathrm{d}y}{\mathrm{d}x} \text{ 或 } \frac{\mathrm{d}f(x)}{\mathrm{d}x}.$$

导数的几何意义：$f'(x_0)$ 的几何意义是曲线 $y = f(x)$ 在点 $(x_0, f(x_0))$ 处的切线的斜率，即

$$k = \tan\alpha = f'(x_0).$$

因此，曲线 $y = f(x)$ 在点 $(x_0, f(x_0))$ 处的切线方程为

$$y - f(x_0) = f'(x_0)(x - x_0).$$

法线方程为

$$y - f(x_0) = \frac{-1}{f'(x_0)}(x - x_0)(f'(x_0) \neq 0).$$

例 1　求 $y = x^2$ 在 $x = 1$ 点处的导数.

解　$\quad f'(1) = \lim\limits_{\Delta x \to 0} \dfrac{\Delta y}{\Delta x} = \lim\limits_{\Delta x \to 0} \dfrac{f(1 + \Delta x) - f(1)}{\Delta x}$

$$= \lim_{\Delta x \to 0} \frac{(1 + \Delta x)^2 - 1}{\Delta x} = \lim_{\Delta x \to 0} \frac{2\Delta x + \Delta x^2}{\Delta x} = 2.$$

例2　试判定函数 $y = \begin{cases} 1+x & x \geqslant 0 \\ x & x < 0 \end{cases}$ 在点 $x = 0$ 处是否可导.

解　$f(0) = 1, f'_-(0) = \lim\limits_{x \to 0^-} \dfrac{f(x)-f(0)}{x} = \lim\limits_{x \to 0^-} \dfrac{x-1}{x} = +\infty,$

$$f'_+(0) = \lim\limits_{x \to 0^+} \dfrac{f(x)-f(0)}{x} = \lim\limits_{x \to 0^+} \dfrac{1+x-1}{x} = 1.$$

所以,函数 $y = \begin{cases} 1+x & x \geqslant 0 \\ x & x < 0 \end{cases}$ 在点 $x = 0$ 处不可导.

2.1.3　导数与连续的关系

定义 $\leftarrow$ 极限 $\leftarrow$ 连续 $\leftarrow$ 导数. 这是函数 $f(x)$ 在点 x_0 处四个概念之间的关系,但反之却不然. 即在点 x_0 处可导必连续,连续不一定可导;不连续必不可导.

例3　证明函数 $y = |x|$ 在点 $x = 0$ 处连续但不可导.

证明　　　　　$\lim\limits_{x \to 0} f(x) = \lim\limits_{x \to 0} |x| = 0 = f(0),$

所以,函数 $y = |x|$ 在点 $x = 0$ 处连续. 但

$$f'_+(0) = \lim\limits_{x \to 0^+} \dfrac{f(x)-f(0)}{x} = \lim\limits_{x \to 0^+} \dfrac{x}{x} = 1,$$

$$f'_-(0) = \lim\limits_{x \to 0^-} \dfrac{f(x)-f(0)}{x} = \lim\limits_{x \to 0^-} \dfrac{-x}{x} = -1.$$

所以,函数 $y = |x|$ 在点 $x = 0$ 处不可导.

练习题 2.1

1. 求下列曲线在指定点处的切线方程和法线方程.

(1) $y = \ln x$ 在点 $(e, 1)$ 处;　　　　　　(2) $y = \cos x$ 在点 $(\dfrac{\pi}{4}, \dfrac{\sqrt{2}}{2})$ 处.

2. 物体作直线运动,运动方程为 $s = 3t^2 - 5t$,求:

(1) 物体在 1 秒到 $1 + \Delta t$ 秒的平均速度;

(2) 物体在 t_0 到 $t + t_0$ 秒的平均速度;

(3) 物体在 t_0 秒的速度.

3. 讨论函数 $f(x) = \begin{cases} 1+x & x > 0 \\ 1-x & x \leqslant 0 \end{cases}$ 在点 $x = 0$ 处的连续性和可导性.

2.2　直接求导法

利用导数的定义(求增量、算比值、取极限),可以求得 $f(x)$ 在点 x 的导数.

例 1　求函数 $y = \log_a x$ 的导数.

解　(1)求增量: $\Delta y = f(x + \Delta x) - f(x) = \log_a (x + \Delta x) - \log_a x = \log_a (1 + \dfrac{\Delta x}{x})$;

(2)算比值: $\dfrac{\Delta y}{\Delta x} = \dfrac{\log_a (1 + \dfrac{\Delta x}{x})}{\Delta x} = \dfrac{1}{x} \log_a (1 + \dfrac{\Delta x}{x})^{\frac{x}{\Delta x}}$;

(3)取极限: $y' = \lim\limits_{\Delta x \to 0} \dfrac{\Delta y}{\Delta x} = \lim\limits_{\Delta x \to 0} \dfrac{1}{x} \log_a (1 + \dfrac{\Delta x}{x})^{\frac{x}{\Delta x}} = \dfrac{1}{x} \log_a \mathrm{e} = \dfrac{1}{x \ln a}$,

即
$$(\log_a x)' = \frac{1}{x \ln a}.$$

特别地,当 $a = \mathrm{e}$ 时,有 $(\ln x)' = \dfrac{1}{x}$.

例 2　求函数 $y = \sin x$ 的导数.

解　(1)求增量: $\Delta y = f(x + \Delta x) - f(x) = \sin(x + \Delta x) - \sin x$

$$= 2 \cos \frac{(x + \Delta x) + x}{2} \sin \frac{(x + \Delta x) - x}{2}$$

$$= 2 \cos(x + \frac{\Delta x}{2}) \sin \frac{\Delta x}{2} ;$$

(2)算比值: $\dfrac{\Delta y}{\Delta x} = \dfrac{2 \cos(x + \dfrac{\Delta x}{2}) \sin \dfrac{\Delta x}{2}}{\Delta x} = \cos(x + \dfrac{\Delta x}{2}) \dfrac{\sin \dfrac{\Delta x}{2}}{\dfrac{\Delta x}{2}}$;

(3)取极限: $y' = \lim\limits_{\Delta x \to 0} \dfrac{\Delta y}{\Delta x} = \lim\limits_{\Delta x \to 0} \cos(x + \dfrac{\Delta x}{2}) \dfrac{\sin \dfrac{\Delta x}{2}}{\dfrac{\Delta x}{2}}$

$$= \lim\limits_{\Delta x \to 0} \cos(x + \frac{\Delta x}{2}) \cdot \lim\limits_{\Delta x \to 0} \frac{\sin \dfrac{\Delta x}{2}}{\dfrac{\Delta x}{2}} = \cos x,$$

即
$$(\sin x)' = \cos x.$$
同理可得
$$(\cos x)' = -\sin x.$$

类似地,我们可以得到一些常用的求导基本公式:

(1) $c' = 0$(c 为常数); 　　　(2) $(x^a)' = \alpha x^{\alpha-1}$;

(3) $(a^x)' = a^x \ln a$; 　　　(4) $(e^x)' = e^x$;

(5) $(\log_a x)' = \dfrac{1}{x \ln a}$; 　　　(6) $(\ln x)' = \dfrac{1}{x}$;

(7) $(\sin x)' = \cos x$; 　　　(8) $(\cos x)' = -\sin x$;

(9) $(\tan x)' = \sec^2 x$; 　　　(10) $(\cot x)' = -\csc^2 x$;

(11) $(\sec x)' = \sec x \tan x$; 　　　(12) $(\csc x)' = -\csc x \cot x$;

(13) $(\arcsin x)' = \dfrac{1}{\sqrt{1-x^2}}$; 　　　(14) $(\arccos x)' = -\dfrac{1}{\sqrt{1-x^2}}$;

(15) $(\arctan x)' = \dfrac{1}{1+x^2}$; 　　　(16) $(\text{arccot} x)' = -\dfrac{1}{1+x^2}$.

导数的基本公式由常数和基本初等函数的导数构成;六个三角函数相互搭档且正负相间;四个反三角函数两两结论相同而符号相反.

导数的四则运算法则:设函数 $u = u(x), v = v(x)$ 在点 x 处都是可导的,则有

(1) $(u \pm v)' = u' \pm v'$; 　　　(2) $(uv)' = u'v + uv'$;

(3) $(cu)' = cu'$(c 为常数); 　　　(4) $\left(\dfrac{u}{v}\right)' = \dfrac{u'v - uv'}{v^2}$　$(v \neq 0)$.

利用求导基本公式和四则运算法则,求得导数的方法叫作直接求导法.

例 3　求函数 $y = \dfrac{x^3}{3} - \dfrac{2}{x} + \sqrt{x\sqrt{x}}$ 的导数.

解　$y = \dfrac{x^3}{3} - \dfrac{2}{x} + x^{\frac{3}{4}}, y' = x^2 + \dfrac{2}{x^2} + \dfrac{3}{4}x^{-\frac{1}{4}}$.

例 4　求函数 $y = \dfrac{x^2+1}{3x+1}$ 的导数.

解　$y' = \dfrac{2x(3x+1) - (x^2+1)3}{(3x+1)^2} = \dfrac{3x^2 + 2x - 3}{(3x+1)^2}$.

例 5　求函数 $y = \dfrac{x^2 + \sqrt{x} - 2 + e^x}{x}$ 的导数.

解　$y = x + x^{-\frac{1}{2}} - \dfrac{2}{x} + \dfrac{e^x}{x}$,

25

$$y' = 1 - \frac{1}{2}x^{-\frac{3}{2}} + \frac{2}{x^2} + \frac{x \cdot e^x - e^x}{x^2}$$

$$= 1 - \frac{1}{2}x^{-\frac{3}{2}} + \frac{e^x}{x} + \frac{2 - e^x}{x^2}.$$

注 求导简便方法：

1. 化积商为和差；2. 利用三角恒等变换进行化简；3. 化假分式为多项式与真分式的和.

例 6 求函数 $y = (\ln \sqrt{xe^x})$ 的导数.

解
$$y = (\ln \sqrt{xe^x}) = \frac{1}{2}\ln x + \frac{1}{2}x,$$

$$y' = \frac{1}{2x} + \frac{1}{2}.$$

例 7 求函数 $y = \dfrac{x^3 + x^2 + x - 2}{x - 1}$ 的导数.

解
$$y = \frac{x^3 - x^2 + 2x^2 - 2x + 3x - 3 + 1}{x - 1} = x^2 + 2x + 3 + \frac{1}{x - 1},$$

$$y' = 2x + 2 - \frac{1}{(x - 1)^2}.$$

例 8 求函数 $y = \dfrac{x^2 + 2x + 2}{x^2(1 + x)}$ 的导数.

解
$$y = \frac{1}{1 + x} + \frac{2}{x^2}, y' = -\frac{1}{(1 + x)^2} - \frac{4}{x^3}.$$

例 9 求函数 $y = \dfrac{2 + 3\cos x}{3\sin x}$ 的导数.

解
$$y = \frac{2}{3}\csc x + \cot x, y' = -\frac{2}{3}\csc x\cot x - \csc^2 x.$$

思考：$f'(x_0)$ 与 $[f(x_0)]'$ 之区别.

练习题 2.2

求函数的导数：

1. $y = \sqrt{x}\sin x + \ln 2x + \sqrt{\pi}$.　　　2. $y = \sec x \cdot \arcsin x$.

3. $f(x) = \dfrac{\sin x}{1 - \cos x}$.　　　4. $y = \dfrac{x^3 - 2x - \sqrt{x} + \sqrt[3]{x^2} - \ln x}{x}$.

5. $y = \dfrac{e^x \arcsin x}{\tan x}$　　　6. $y = \dfrac{x^2 + 2x + 3}{x^2 + 1}$.

7. $y = \ln(x^3 \mathrm{e}^{2x} 2^x)$. 　　　　　8. $y = \dfrac{x^3 - x^2 + 2x + 3}{x + 1}$.

9. $y = \dfrac{\sin^2 \dfrac{x}{2} - \cos^2 \dfrac{x}{2}}{1 - \cos^2 x} \cdot \tan x$. 　10. $y = x^2 \lg x \sin x$.

2.3　复合函数求导法

对于复合函数 $y = f(\varphi(x))$，则有 $y = f(u), u = \varphi(x)$．我们前面求导数总是应用运算法则直接对自变量求导，但多数场合不能这样.

例如求 $y = \ln 2x$ 的导数就不能直接用公式 $(\ln x)' = \dfrac{1}{x}$，否则就会发生错误.

正确答案：$y' = (\ln 2x)' = (\ln 2 + \ln x)' = \dfrac{1}{x}$.

错误答案：$y' = (\ln 2x)' = \dfrac{1}{2x}$.

比较之下，错误答案的原因是把 $2x$ 当成了自变量．解决这个问题，有以下的法则：

设 $y = f(u)$ 对 u 可导，$u = \varphi(x)$ 对 x 可导，则复合函数 $y = f(\varphi(x))$ 也可导，且有

$$y'_x = y'_u u'_x \text{ 或 } y'_x = f'(u)\varphi'(x) \text{ 或 } \dfrac{\mathrm{d}y}{\mathrm{d}x} = \dfrac{\mathrm{d}y}{\mathrm{d}u}\dfrac{\mathrm{d}u}{\mathrm{d}x}.$$

这样回过头再求 $y = \ln 2x$ 的导数就不成问题了：$y = \ln u, u = 2x$（中间变量 u 和自变量 x 共有两个），即

$$y' = (\ln u)'_u u'_x = \dfrac{1}{u}(2x)'_x = \dfrac{2}{2x} = \dfrac{1}{x}.$$

求复合函数的导数可分两步：

第一步（关键步骤）　先将复合函数分为若干个简单函数，辨明各函数的中间变量和自变量是什么.

第二步　再逐一求导后相乘.

具体解题过程在写法上可采取两种：

例 1　求函数 $y = \cos(\sin(1 - 2x))$ 的导数.

解法 1

$y = \cos(\sin(1-2x))$ 可分成：$y = \cos u, u = \sin v, v = 1-2x.$

$y' = y'_u u'_v v'_x = (\cos u)'_u \cdot (\sin v)'_v \cdot (1-2x)'_x = -\sin u \cdot \cos v \cdot (-2)$

$= -\sin(\sin(1-2x)) \cdot \cos(1-2x) \cdot (-2)$

$= 2\cos(1-2x) \cdot \sin(\sin(1-2x)).$

等上述写法熟练后，中间变量可不写出（记在心里）.

解法 2

$y' = -\sin(\sin(1-2x))(\sin(1-2x))'$

$= -\sin(\sin(1-2x)) \cdot \cos(1-2x) \cdot (1-2x)'$

$= -\sin(\sin(1-2x)) \cdot \cos(1-2x) \cdot (-2)$

$= 2\cos(1-2x) \cdot \sin(\sin(1-2x)).$

例 2　求函数 $y = \sin^3 2x^2$ 的导数.

解法 1

$y' = 3\sin^2 2x^2 \cdot (\sin 2x^2)' = 3\sin^2 2x^2 \cdot \cos 2x^2 \cdot (2x^2)'$

$= 3\sin^2 2x^2 \cdot \cos 2x^2 \cdot 4x = 12x \cdot \sin^2 2x^2 \cdot \cos 2x^2.$

解法 2

$$y' = 3\sin^2 2x^2 \cdot \cos 2x^2 \cdot 4x = 12x \cdot \sin^2 2x^2 \cdot \cos 2x^2.$$

例 3　求 $y = e^{3x}$ 函数的导数.

解
$$y' = e^{3x}(3x)' = 3e^{3x}.$$

例 4　求 $y = (2x^2 - 3x)^3$ 函数的导数.

解
$$y' = 3(2x^2 - 3x)^2 \cdot (4x - 3).$$

例 5　求函数 $y = \sqrt{\tan x - e^{-3x}}$ 的导数.

解

$$y' = \frac{1}{2\sqrt{\tan x - e^{-3x}}} \cdot (\sec^2 x + 3e^{-3x}) = \frac{\sec^2 x + 3e^{-3x}}{2\sqrt{\tan x - e^{-3x}}}.$$

例 6　求函数 $y = \dfrac{\sin^2 3x}{x^2} + \sec 2x$ 的导数.

解

$$y' = \frac{2\sin 3x \cdot \cos 3x \cdot 3 \cdot x^2 - \sin^2 3x \cdot 2x}{x^4} + \sec 2x \tan 2x \cdot 2$$

$$= \frac{3x\sin 6x - 2\sin^2 3x}{x^3} + 2\sec 2x \tan 2x.$$

例 7   求函数 $y = \sqrt[3]{x^2} \cdot \cot 2x \cdot 2^{-3x}$ 的导数.

解

$$y' = \frac{2}{3} x^{\frac{-1}{3}} \cdot \cot 2x \cdot 2^{-3x} + \sqrt[3]{x^2} \cdot (-\csc^2 2x) \cdot 2 \cdot 2^{-3x} + \sqrt[3]{x^2} \cdot \cot 2x$$

$$\cdot 2^{-3x} \ln 2 \cdot (-3)$$

$$= \frac{2}{3} \frac{1}{\sqrt[3]{x}} \cdot \cot 2x \cdot 2^{-3x} - 2\sqrt[3]{x^2} \cdot \csc^2 2x \cdot 2^{-3x} - 3\ln 2 \cdot \sqrt[3]{x^2} \cdot \cot 2x$$

$$\cdot 2^{-3x}.$$

练习题 2.3

求下列函数的导数.

1. $y = (2x - 3)^3$.

2. $y = \text{arccot}(1 - 3x)$.

3. $y = \ln\ln x$.

4. $y = 2\sin(x^2 - 2x)$.

5. $y = e^{\cot \frac{1}{x}}$.

6. $y = \ln(x + \sqrt{x^2 + a^2})\,(a > 0)$.

7. $y = \csc\sqrt{1 + 2x^3}$.

8. $y = \sin^3(-x^2 + 1)$.

9. $y = \dfrac{(x + e^x)^2}{x}$.

10. $y = \ln(\csc x - \cot x)$.

11. $y = \sqrt{x + \sqrt{x + \sqrt{x}}}$.

12. $y = 3^{2x}\tan\dfrac{1}{x}$.

13. $y = \sin[\cos(\tan x)]$.

14. $y = \sin x + x\cot x, y'\mid_{x = \frac{\pi}{4}}$.

15. $y = e^{-x} \cdot \sqrt[3]{x + 1}, y'\mid_{x=0}$.

2.4   隐函数的求导法

前面我们所讨论的函数是 $y = f(x)$,这种函数称为显函数. 但还有另一种形式的函数,变量 x 和 y 以隐函数 $F(x, y) = 0$ 的形式出现,如式子 $x - y = 1, x \cdot y = 1$ 和 $e^{xy} = x + y$ 等等. 前面两个函数可以通过隐函数显化使之变成显函数,即 $y = x - 1$ 和 $y = \dfrac{1}{x}$;后一个函数则无法显化.

注:在隐函数中变量 x 和 y 地位是平等的,这样如对 x 求导则把 y 看作函数,如对 y 求导则把 x 看作函数.

思考：说说$(x)'_x$与$(x)'_y$，y'_x与y'_y及$(y^2)'_x$与$(y^2)'_y$各表示什么？各等于什么？

利用复合函数求导法则，在隐函数$F(x,y)=0$两边同时对自变量x或y求导，再解出所求的导数y'或x'_y。

例 1 求方程由$xy=1$所确定隐函数y的导数。

解 1
$$y=\frac{1}{x}, y'=\frac{-1}{x^2}.$$

解 2
$$y+xy'=0, y'=\frac{-y}{x}.$$

例 2 已知$x^3+y^3-3axy=0$（笛卡儿叶形线），求y'和x'_y。

解
$$3x^2+3y^2y'-3ay-3axy'=0,$$
$$y'=\frac{x^2-ay}{ax-y^2},$$
$$x'_y=\frac{1}{y'}=\frac{ax-y^2}{x^2-ay}.$$

例 3 已知$y^3-3xy=1$，求$y'|_{x=0}$。

解
$$3y^2y'-3y-3xy'=0, y'=\frac{y}{y^2-x},$$

当$x=0$时，$y=1$，所以$y'|_{x=0}=1$。

注：应先求出$x=0$时，$y=1$；否则，会得出错误答案$y'|_{x=0}=\frac{1}{y}$。

例 4 求方程由$e^{xy}=x+y$所确定隐函数y的导数。

解
$$e^{xy}(y+xy')=1+y', y'=\frac{1-ye^{xy}}{xe^{xy}-1}.$$

例 5 求方程由$y^2=\ln(x^2+3y)$所确定隐函数y的导数。

解
$$2yy'=\frac{2x+3y'}{x^2+3y}, y'=\frac{2x}{2x^2y+6y^2-3}.$$

注：1. 隐函数的导数在无法显化时可保留隐函数形式；

2. 隐函数中若有n个y，求导后就有n个y'。

练习题 2.4

求隐函数的导数：

1. $x^3+xy-y^3=3.$ 　　　　　　　　　　2. $xy=\ln(x+y).$

3. $x^2 y + 2x^2 y^3 - y^2 = 1$.　　　　　　　　4. $y = \cos xy$.

5. 设 $y = 1 + xe^y$, 求 $\dfrac{\mathrm{d}y}{\mathrm{d}x}\Big|_{x=0}$.

*2.5　对数求导法

对数求导法是对函数的两边同时取对数,再用隐函数的求导法求解.

例 1　求 $e^{xy} = \sqrt{x^2 + y^2} \cdot 2^y \cdot \sin x$ 的导数.

解　两边取对数

$$xy = \frac{1}{2}\ln(x^2 + y^2) + y\ln 2 + \ln \sin x,$$

求导　　$$y + xy' = \frac{1}{2} \cdot \frac{2x + 2yy'}{x^2 + y^2} + y'\ln 2 + \frac{\cos x}{\sin x},$$

$$y' = \frac{x + (x^2 + y^2)\cot x - x^2 y - y^3}{\ln 2(x^2 + y^2) + y - x^3 - xy^2}.$$

例 2　求 $y = \dfrac{\sqrt{2x + y}}{\sqrt[3]{x - y}}$ 的导数.

解　两边取对数

$$\ln y = \frac{1}{2}\ln(2x + y) - \frac{1}{3}\ln(x - y),$$

求导　　$$\frac{y'}{y} = \frac{1}{2} \cdot \frac{2 + y'}{2x + y} - \frac{1}{3} \cdot \frac{1 - y'}{x - y},$$

$$y' = \frac{2xy - 8y^2}{12x^2 - 13xy - 5y^2}.$$

例 3　求函数 $y = x^x$ 的导数.

解　两边取对数

$$\ln y = x\ln x,$$

求导　　$$\frac{y'}{y} = \ln x + 1,$$

$$y' = x^x(\ln x + 1).$$

例 4　求函数 $y = x^x + \cos x$ 的导数.

解 1　　$y' = (x^x)' - \sin x, y' = x^x(\ln x + 1) - \sin x$.

解 2　　　　　　$y - \cos x = x^x,$

两边取对数

$$\ln(y - \cos x) = x\ln x,$$

求导

$$\frac{y' + \sin x}{y - \cos x} = \ln x + 1,$$

$$y' = x^x(\ln x + 1) - \sin x.$$

例 5　求函数 $y = \dfrac{(2x-1)(1-x)}{(3x+2)(2x+1)}\sqrt{e^x}$ 的导数.

解　$\ln y = \ln(2x-1) + \ln(1-x) - \ln(3x+2) - \ln(2x+1) + \dfrac{x}{2},$

$$\frac{y'}{y} = \frac{2}{2x-1} + \frac{-1}{1-x} - \frac{3}{3x+2} - \frac{2}{2x+1} + \frac{1}{2},$$

$$y = \frac{(2x-1)(1-x)}{(3x+2)(2x+1)}\sqrt{e^x}\left(\frac{2}{2x-1} - \frac{1}{1-x} - \frac{3}{3x+2} - \frac{2}{2x+1} + \frac{1}{2}\right).$$

注:对数求导法一般适用于多个式子的积或商、含高次根式或含 $u(x)^{v(x)}$ 形式的情形.

练习题 2.5

求函数的导数:

1. $y = (x+1)^{2x}.$

2. $y = \dfrac{(2x-1)(x+1)^2}{(3-x)^2}.$

3. $y = (x + \sqrt{1+x^2})^3.$

4. $y = \sqrt{\dfrac{(2x-3)(x^2+1)}{2x-1}}(1-x)^2.$

5. $y = x^{\ln x} - x.$

2.6　高阶导数求法

一般的,对函数 $f(x)$ 的导函数 $f'(x)$ 再求导,所得的函数称为函数 $f(x)$ 的二阶导数;对函数 $f(x)$ 的二阶导数再求导,所得的函数称为函数 $f(x)$ 的三阶导数;如此类推,$n-1$ 阶导数的导数称为 n 阶导数.记法:

二阶导数 y'',$f''(x)$,$\dfrac{\mathrm{d}^2 y}{\mathrm{d} x^2}$ 或 $\dfrac{\mathrm{d}^2 f(x)}{\mathrm{d} x^2}$;

三阶导数 y''',$f'''(x)$,$\dfrac{\mathrm{d}^3 y}{\mathrm{d} x^3}$ 或 $\dfrac{\mathrm{d}^3 f(x)}{\mathrm{d} x^3}$;

四阶导数 $y^{(4)}, f^{(4)}(x), \dfrac{\mathrm{d}^4 y}{\mathrm{d}x^4}$ 或 $\dfrac{\mathrm{d}^4 f(x)}{\mathrm{d}x^4}$;

$$\vdots$$

n 阶导数 $y^{(n)}, f^{(n)}(x), \dfrac{\mathrm{d}^n y}{\mathrm{d}x^n}$ 或 $\dfrac{\mathrm{d}^n f(x)}{\mathrm{d}x^n}$.

一般地说,求 n 阶导数应先求出 $n-1$ 阶导数.

例 1 设 $f(x) = x\sin x$,求导数 $f''(x)$,并求 $f''(0)$.

解

$$f'(x) = \sin x + x\cos x, f''(x) = 2\cos x - x\sin x, f''(0) = 2.$$

例 2 设 $y = \mathrm{e}^x$,求 n 阶导数 $y^{(n)}$.

解

$$y' = \mathrm{e}^x, \quad y'' = \mathrm{e}^x, \quad \cdots, \quad y^{(n)} = \mathrm{e}^x.$$

例 3 设 $f(x) = \cos x$,求 n 阶导数 $f^{(n)}(x)$.

解 由

$$(\cos x)' = -\sin x = \cos\left(\frac{\pi}{2} + x\right),$$

$$(\cos x)'' = (-\sin x)' = -\cos x = \cos\left(\frac{2\pi}{2} + x\right),$$

$$(\cos x)''' = (-\sin x)'' = (-\cos x)' = \sin x = \cos\left(\frac{3\pi}{2} + x\right),$$

$$(\cos x)^{(4)} = \cos x = \cos\left(\frac{4\pi}{2} + x\right),$$

$$\vdots$$

由归纳法,得 $\qquad f^{(n)}(x) = \cos\left(\dfrac{n\pi}{2} + x\right).$

显然,当例 2 和例 3 公式中的 n 取具体的自然数时,则可求出任意阶的导数.

注:1. 注意四阶及以上的导数与低阶导数在记法上的区别;

2. 求解 n 阶导数,在于先求出前几阶导数,找出规律,利用归纳法可得.

例 4 设 $f(x) = \ln(x+1)$,求 n 阶导数 $f^{(n)}(x)$.

解 由

$$f'(x) = \frac{1}{x+1}, \quad f''(x) = \frac{-1}{(x+1)^2},$$

$$f'''(x) = \frac{2}{(x+1)^3}, \quad f^{(4)}(x) = \frac{-2 \times 3}{(x+1)^4},$$

$$\vdots$$

归纳以上所求可得

$$f^{(n)}(x) = \frac{(-1)^{n-1}(n-1)!}{(x+1)^n}.$$

练习题 2.6

1. $y = x^3 \cos x$,求 y''.

2. $y = x \arctan x + 3(x+1)^3$,求 $y''|_{x=1}$.

3. $y = (2x-1)^8$,求 y'''.

4. $y = x^2 \ln^3 x$,求 y'''.

5. $y = x^4 + e^{-x}$,求 y'''.

6. $y = (x+1)e^x$,求 $y^{(n)}$.

2.7 微分及其求法

2.7.1 微分的概念

从图 2.7.1 看切线的斜率 $k = f'(x_0)$,若记 $\Delta x = dx$,则 dy 也就表示"线段的长度",即函数 $f(x)$ 在 x_0 点的切线的增量,而且有 $dy = f'(x_0)dx$.

一般的,如果 $f(x)$ 在 x 点处可导,我们称 $dy = f'(x)dx$ 为函数 $y = f(x)$ 在点 x 处的微分(也称 $f(x)$ 在点 x 处可微).

从几何图形上可明显看出,虽然导数和微分在概念、几何意义和表示上有所不同;但它们在

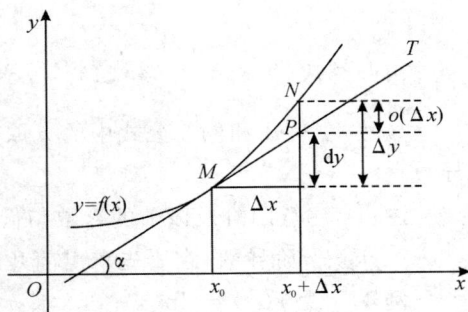

图 2.7.1

本质上是相通的,从定义上看,求得导数也就可写出微分,所以今后说可导和可微是一致的.而且微分的运算法则和公式也完全可以由导数平行得出,只是写法上不同而已.

2.7.2　微分的运算

1. 微分的四则运算法则

设函数 $u = u(x), v = v(x)$ 可微,则

$$d(u \pm v) = du \pm dv;$$
$$d(uv) = vdu + udv;$$
$$d(cu) = cdu(c \text{ 为常数});$$
$$d(\frac{u}{v}) = \frac{vdu - udv}{v^2}(v \neq 0).$$

2. 微分的基本公式

(1) $dc = 0(c$ 为常数);   (2) $d(x^\alpha) = \alpha x^{\alpha-1} dx(\alpha \in \mathbf{R})$;

(3) $da^x = a^x \ln a dx(a > 0, a \neq 1)$;   (4) $de^x = e^x dx$;

(5) $d\log_a x = \frac{dx}{x \ln a}(a > 0, a \neq 1)$;   (6) $d\ln x = \frac{dx}{x}$;

(7) $d\sin x = \cos x dx$;   (8) $d\cos x = -\sin x dx$;

(9) $d\tan x = \sec^2 x dx$;   (10) $d\cot x = -\csc^2 x dx$;

(11) $d\sec x = \sec x \tan x dx$;   (12) $d\csc x = -\csc x \cot x dx$;

(13) $d\arcsin x = \frac{dx}{\sqrt{1-x^2}}$;   (14) $d\arccos x = \frac{-dx}{\sqrt{1-x^2}}$;

(15) $d\arctan x = \frac{dx}{1+x^2}$;   (16) $d\text{arccot}x = \frac{-dx}{1+x^2}$.

例 1 $y = (x + x^2)^3$,求 dy.

解 $dy = ((x + x^2)^3)'dx = 3(x + x^2)^2(x + x^2)'dx$

       $= 3(x + x^2)^2(1 + 2x)dx.$

例 2 $y = xe^{-2x}$,求 dy.

解

$$dy = (xe^{-2x})'dx = (e^{-2x} - 2xe^{-2x})dx.$$

例 3 $y = \frac{\ln x}{x}$,求 dy.

解

$$dy = \frac{\frac{1}{x} \cdot x - \ln x}{x^2}dx = \frac{1 - \ln x}{x^2}dx.$$

3. 微分形式不变性

对于复合函数 $y = f(\varphi(x)), y = f(u), u = \varphi(x), y' = \dfrac{\mathrm{d}y}{\mathrm{d}x} = \dfrac{\mathrm{d}y}{\mathrm{d}u} \cdot \dfrac{\mathrm{d}u}{\mathrm{d}x}$

$= f'(u) \cdot \varphi'(x).$

由定义，$\mathrm{d}y = y'\mathrm{d}x = f'(u) \cdot \varphi'(x)\mathrm{d}x,$而

$$\mathrm{d}u = \frac{\mathrm{d}u}{\mathrm{d}x} \cdot \mathrm{d}x = \varphi'(x)\mathrm{d}x,$$

所以 $$\mathrm{d}y = f'(u)\mathrm{d}u = f'(u)\varphi'(x)\mathrm{d}x.$$

这就是所谓的微分形式不变性.

例 4 设 $y = \sin^2 x$，求 $\mathrm{d}y$.

解法 1 由定义 $\mathrm{d}y = y'\mathrm{d}x$，得

$$\mathrm{d}y = (\sin^2 x)'\mathrm{d}x = 2\sin x\cos x\mathrm{d}x = \sin 2x\mathrm{d}x.$$

解法 2 用微分形式不变性，得

$$\mathrm{d}y = 2\sin x\mathrm{d}\sin x = 2\sin x \cdot \cos x\mathrm{d}x = \sin 2x\mathrm{d}x.$$

例 5 设 $y = \mathrm{e}^{-x}\sin 2x$，求 $\mathrm{d}y$.

解法 1 由定义 $\mathrm{d}y = y'\mathrm{d}x$，得

$\mathrm{d}y = (\mathrm{e}^{-x}\sin 2x)'\mathrm{d}x = \left[(\mathrm{e}^{-x})'\sin 2x + \mathrm{e}^{-x}(\sin 2x)'\right]\mathrm{d}x$

$= \left[\mathrm{e}^{-x}(-1)\sin 2x + \mathrm{e}^{-x}\cos 2x \cdot 2\right]\mathrm{d}x$

$= \mathrm{e}^{-x}(2\cos 2x - \sin 2x)\mathrm{d}x.$

解法 2 用微分形式不变性

$$\mathrm{d}y = \sin 2x\mathrm{d}\mathrm{e}^{-x} + \mathrm{e}^{-x}\mathrm{d}\sin 2x$$
$$= \sin 2x\mathrm{e}^{-x}\mathrm{d}(-x) + \mathrm{e}^{-x}\cos 2x\mathrm{d}(2x)$$
$$= \mathrm{e}^{-x}(2\cos 2x - \sin 2x)\mathrm{d}x.$$

例 6 设 $y = \arctan(\sqrt{2x})$，求 $\mathrm{d}y$.

解 $\mathrm{d}y = \dfrac{1}{1+2x}\mathrm{d}(\sqrt{2x}) = \dfrac{1}{1+2x} \cdot \dfrac{1}{2\sqrt{2x}}\mathrm{d}(2x) = \dfrac{\mathrm{d}x}{(1+2x)\sqrt{2x}}.$

例 7 设 $y + 2x - x^2 y = 1$，求 $\mathrm{d}y, \mathrm{d}x$.

解 $\mathrm{d}y + 2\mathrm{d}x - 2xy\mathrm{d}x - x^2\mathrm{d}y = 0, \mathrm{d}y = \dfrac{2xy - 2}{1 - x^2}\mathrm{d}x;$

$$\mathrm{d}y + 2\mathrm{d}x - 2xy\mathrm{d}x - x^2\mathrm{d}y = 0, \mathrm{d}x = \frac{1-x^2}{2xy-2}\mathrm{d}y.$$

2.7.3 微分在近似计算中的应用

从微分的几何意义中可看出

1. 当$|\Delta x|$很小时,有
$$\Delta y \approx \mathrm{d}y = f'(x_0)\Delta x, \tag{2.7.1}$$
同时有
$$f(x_0 + \Delta x) \approx f(x_0) + f'(x_0)\Delta x. \tag{2.7.2}$$

2. 当$|x|$很小时,有
$$f(x) \approx f(0) + f'(0)x. \tag{2.7.3}$$

例 8 计算 $\sin 30°15'$ 的近似值.

解 设函数 $f(x) = \sin x, x_0 = \dfrac{\pi}{6}, \Delta x = 15' = \dfrac{\pi}{720}, f'(x) = \cos x.$

由公式(2.7.2),得

$$\sin 30°15' \approx \sin\frac{\pi}{6} + \left(\cos\frac{\pi}{6}\right) \cdot \frac{\pi}{720} = \frac{1}{2} + \frac{\sqrt{3}\pi}{1440}.$$

例 9 计算 $\sqrt[3]{26}$ 的近似值.

解 设函数 $f(x) = \sqrt[3]{x}, x_0 = 27, \Delta x = -1, f'(x) = \dfrac{1}{3\sqrt[3]{x^2}}.$

由公式(2.7.2),得

$$\sqrt[3]{26} \approx \sqrt[3]{27} + \frac{1}{3\sqrt[3]{27^2}} \times (-1) = 3 - \frac{1}{27} = \frac{80}{27} \approx 2.017.$$

例 10 证明当$|x|$很小时,$\ln(1+x) \approx x.$

证明 设函数 $f(x) = \ln(1+x)$,由公式(2.7.3),得

$$f(x) \approx \ln(1+0) + \frac{1}{1+0} \cdot x = x.$$

注:三角函数的角度,使用弧度制不要用角度制.

练习题 2.7

1. 求下列函数的微分 $\mathrm{d}y$:

$(1)y = \tan\dfrac{1}{x}$; $\quad(2)y = \ln(3-x^2) + \sqrt[3]{1-x}$; $\quad(3)y = 2^x\sin 3x$;

$(4)y = \dfrac{\cos x}{2-x^2}$; $\quad(5)y = \dfrac{\ln x}{x}$; $\qquad\qquad(6)y = \ln(\ln\sin x).$

2. 求下列函数的微分 $\mathrm{d}y$:

$(1)\mathrm{e}^{xy} = x+y$; $\qquad\qquad(2)xy = \cos(x+y)$;

$(3)y^2 + x^2y - 2x = 3$; $\qquad(4)\ln(x-y) = 3xy + x.$

3. 求近似值:

(1) $\sqrt[3]{123}$; (2)$e^{0.01}$; (3)ln1.05; (4)cos59°; (5)arctan1.03.

4. 设 f 为可导函数,求函数 $y = f(\ln x)$ 的微分.

2.8 函数单调性的判定及极值、最值的求法

2.8.1 单调性及其判定

对任意的 $x_1,x_2 \in (a,b)$,设 $x_1 < x_2$,若有 $f(x_1) < f(x_2)$,则称 $f(x)$ 在(a,b) 内单调递增. 如图 2.8.1 所示.

对任意的 $x_1,x_2 \in (a,b)$,设 $x_1 < x_2$,若有 $f(x_1) > f(x_2)$,则称 $f(x)$ 在(a,b) 内单调递减. 如图 2.8.2 所示.

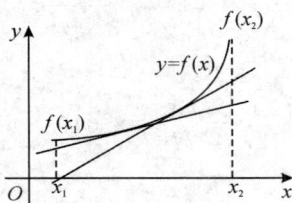
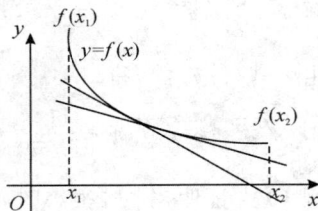

图 2.8.1　　　　　　　　图 2.8.2

定理1 若 $f(x)$ 在(a,b) 内可导,且有 $f'(x) > 0$ (或 < 0),则 $f(x)$ 在(a,b) 内单调递增(或单调递减).

例1 判断 $y = \ln x$ 在区间$(0, +\infty)$ 内的单调性.

解 $y' = \dfrac{1}{x} > 0$,所以 $y = x^3$ 在区间$(-\infty, +\infty)$ 内单调递增.

2.8.2 函数极值的及其求法

1. 极值的概念

若 $f(x)$ 在 x_0 及其近旁有定义,且对 x_0 近旁的任意点 x,都有 $f(x) \leqslant f(x_0)$ ($f(x) \geqslant f(x_0)$),则称 $f(x_0)$ 为 $f(x)$ 的极大值(极小值),x_0 称为 $f(x)$ 的极大(极小)点. 极大(小)值统称为极值,极大(小)点统称为极点.

设函数 $f(x)$ 在区间(a,b) 内可导,称使 $f'(x_0) = 0$ 的点 x_0 为函数

$f(x)$ 在区间 (a,b) 内的驻点.

如图 2.8.3 所示,点 x_1、x_4、x_6 为极小点,点 x_2、x_5 为极大点,x_3 为驻点.

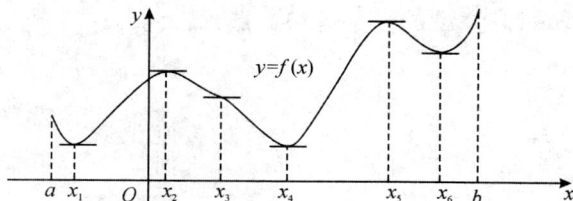

图 2.8.3

定理 2　设函数 $f(x)$ 在点 x_0 及其近旁可导,且 x_0 为驻点,在 x_0 处:

若左侧有 $f'(x) < 0$,右侧有 $f'(x) > 0$,则点 x_0 为 $f(x)$ 的极小点;

若左侧有 $f'(x) > 0$,右侧有 $f'(x) < 0$,则点 x_0 为 $f(x)$ 的极大点,

若在 x_0 的左、右两侧,$f'(x)$ 不变号,则点 x_0 为 $f(x)$ 的驻点.

注:(1) 极值只是局部最值的概念;

(2) 极大值并非比极小值大;

(3) 函数在极值点左右近旁有定义,因此极值点和驻点不可能出现在区间的端点上.

2. 极值的求法

上面的讨论说明可导函数的极值点必是驻点,而驻点未必是极值点.因此,求函数极值点的步骤:

(1) 确定函数的定义域;

(2) 求驻点和连续且不可导点;

(3) 列表,确定极值点并求出极值.

例 2　求 $y = x^3 - 2x^2 + x$ 的极值点和单调区间.

解　$x \in (-\infty, +\infty)$;

$y' = 3x^2 - 4x + 1 = (3x-1)(x-1)$,令 $y' = 0$,得驻点 $x_1 = \dfrac{1}{3}$,$x_2 = 1$.列表:

表 2.8.1

x	$(-\infty, \frac{1}{3})$	$\frac{1}{3}$	$(\frac{1}{3}, 1)$	1	$(1, +\infty)$
$f'(x)$	$+$	0	$-$	0	$+$
$f(x)$	↗	极大值 $\frac{4}{27}$	↘	极小值 0	↗

39

从表中可知,在区间 $(-\infty,\frac{1}{3})\bigcup(1,+\infty)$ 内,曲线单调递增;在区间 $(\frac{1}{3},1)$ 内,曲线单调递减. $x=\frac{1}{3}$ 是极大点,极大值为 $\frac{4}{27}$; $x=0$ 是极小点,极小值为 0 .

例 3 求 $y=(x-\frac{1}{2})\cdot\sqrt[3]{(x+2)^2}$ 的极值.

解 $x\in(-\infty,+\infty)$;

$y'=\dfrac{5(x+1)}{3\sqrt[3]{x+2}}$,令 $y'=0$,得驻点 $x=-1$,且 $x=-2$ 是使 $f'(x)$ 不存在的点. 列表:

表 2.8.2

x	$(-\infty,-2)$	-2	$(-2,-1)$	-1	$(-1,+\infty)$
$f'(x)$	$+$	$/$	$-$	0	$+$
$f(x)$	↗	极大值 0	↘	极小值 $-\dfrac{3}{2}$	↗

从表 2.8.2 可知,在区间 $(-\infty,-2)\bigcup(-1,+\infty)$ 内,曲线单调增加;在区间 $(-2,-1)$ 内,曲线单调减少. $x=-2$ 是极大点,极大值为 0 ; $x=-1$ 是极小点,极小值为 $-\dfrac{3}{2}$.

注:(1) 连续且不可导点也可能是极值点;

(2) 在驻点或连续不可导点的两侧,若导函数不变号,则该点不是极值点.

2.8.3　函数最值的求法

设 x_0 是闭区间 $[a,b]$ 上的一个点,对任意的点 $x\in[a,b]$,若都有 $f(x)\leqslant f(x_0)$（ $f(x)\geqslant f(x_0)$),则称点 x_0 为 $f(x)$ 在闭区间 $[a,b]$ 上的最大值点(最小值点),简称最值点; $f(x_0)$ 称为最大值(最小值),简称最值.

注:最值点只可能出现在驻点、不可导点和端点. 所以,只要求出这三种点比较之,函数值最大的点即是最大值点,函数值最小的点即是最小值点.

例 4 求 $f(x)=x^3-3x^2+3$ 在 $[-1,\frac{5}{2}]$ 上的最值.

解 $y'=3x^2-6x$,令 $y'=0$,得驻点 $x_1=0,x_2=2$.

由 $f(0)=3,f(2)=-1,f(\frac{5}{2})=-\frac{1}{8},f(-1)=-1.$

比较大小,得 $f(x)$ 在 $[-1,\frac{5}{2}]$ 上的最大点为 0,最大值为 3;最小点为 -1 和 2,最小值为 -1.

练习题 2.8

1. 判定下列函数在指定区间内的单调性:

(1) $f(x)=\mathrm{e}^x-x,(-\infty,+\infty)$; (2) $f(x)=x-\ln x,(0,1)$;

(3) $f(x)=x-\sin x,(-\infty,+\infty)$; (4) $f(x)=x^3-x^2,(1,+\infty)$.

2. 确定下列函数的单调区间、极值点和极值:

(1) $f(x)=x^3-3x^2-9x-5$; (2) $f(x)=\sqrt[3]{x}$;

(3) $f(x)=x^2-2\ln x$; (4) $f(x)=(x-2)(x-1)^2$;

(5) $f(x)=\mathrm{e}^{-x^2}$; (6) $f(x)=x-\sqrt{1+x}$;

(7) $f(x)=x^3-3x+1$; (8) $f(x)=x-\ln(1+x)$;

(9) $f(x)=(x^2-1)^3+1$; (10) $f(x)=\frac{1}{2}-\cos x,x\in(0,2\pi)$;

(11) $f(x)=(x-1)x^{\frac{2}{3}}$; (12) $f(x)=\frac{x^3}{x^2-1}$.

5. 求下列函数在给定区间上的最大值和最小值:

(1) $y=x^3-x+1,[-2,2]$; (2) $y=x^4-2x^2,[-1,2]$;

(3) $y=x+\sqrt{1-x},[-5,1]$; (4) $f(x)=\frac{x}{x+1},[0,2]$.

*2.9 曲线的凹凸性和拐点

2.9.1 凹凸性

若函数 $f(x)$ 在开区间 (a,b) 内可导,如果曲线 $y=f(x)$ 上每一点处的切线都位于该曲线的下方(上方),则称曲线 $y=f(x)$ 在区间 (a,b) 内是凹(凸)的. 如图 2.9.1 示.

凹凸的判断法:设函数 $f(x)$ 在开区间 (a,b) 内二阶导数存在,在 (a,b)

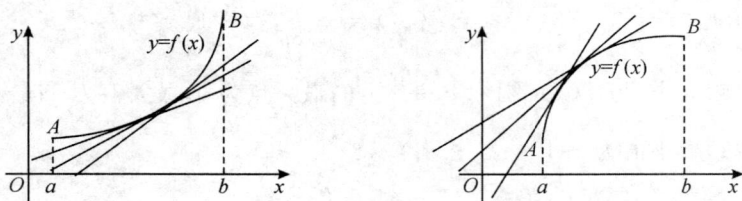

图 2.9.1

内

(1) 若 $f''(x) > 0$,则曲线 $y = f(x)$ 在 (a,b) 内是凹的;

(2) 若 $f''(x) < 0$,则曲线 $y = f(x)$ 在 (a,b) 内是凸的.

例 1 求曲线 $y = \ln x$ 的凹凸区间.

解 $x \in (0, +\infty)$;$y' = \dfrac{1}{x}$,$y'' = -\dfrac{1}{x^2} < 0$. 所以,在 $(0, +\infty)$ 内,曲

线 $y = \ln x$ 是凸的.

2.9.2 拐点

连续曲线 $y = f(x)$ 上凹凸的分界点,称为曲线 $y = f(x)$ 的拐点.

求拐点的一般步骤:

(1) 确定函数的定义域;

(2) 求 $f''(x)$,求出 $f''(x) = 0$ 的点和 $f''(x)$ 不存在但连续的点;

(3) 用这些点把区间划分为小区间,列出表格.

注:(1) 驻点、极值点和最值点是指横坐标,拐点是指横、纵坐标;

(2) 若在点 x_i 的左右两侧 $f''(x)$ 异号,则 $(x_i, f(x_i))$ 是曲线 $y = f(x)$ 的拐点,否则不是.

例 2 求曲线 $y = x^4 - 6x^2$ 的凹凸区间和拐点.

解 $x \in (-\infty, +\infty)$;

$y' = 4x^3 - 12x$,$y'' = 12x^2 - 12$,令 $y'' = 0$,得 $x_1 = -1$,$x_2 = 1$. 列表:

表 2.9.1

x	$(-\infty, -1)$	-1	$(-1,1)$	1	$(1, +\infty)$
$f''(x)$	+	0	—	0	+
$f(x)$	∪	$(-1, -5)$	∩	$(1, -5)$	∪

42

从表中可得,在区间$(-\infty,-1)\bigcup(1,+\infty)$内,曲线$y=x^4-6x^2$是凹的;在区间$(-1,1)$内,曲线$y=x^4-6x^2$是凸的;拐点是$(-1,-5)$和$(1,-5)$.

练习题 2.9

1. 求下列曲线的凹凸区间和拐点:

(1) $y=x^2-\dfrac{1}{x}$;　　　　　　　　(2) $y=\ln(1+x^2)$;

(3) $y=x^4-2x^3+1$;　　　　　　　　(4) $y=xe^{-x}$.

2. 已知曲线 $y=x^3+ax^2-2x+5$ 在 $x=1$ 有拐点,试确定系数 a,并求曲线的拐点坐标和凹凸区间.

3. a,b 为何值时,点$(1,2)$ 为曲线 $y=ax^3+bx^2$ 的拐点?

4. 设三次曲线 $y=x^3+3ax^2+3bx+c$,在 $x=-1$ 处有极大值,点$(0,3)$ 是拐点,试确定 a,b,c 的值.

5. 已知连续函数 $y=f(x)$ 满足下列条件:$f(0)=0$,$f'(0)=0$;当 $x<0$ 时,$f'(x)>0$,$f''(x)<0$. 当 $x>0$ 时,$f'(x)>0$,$f''(x)>0$.试作出函数图像的大致形状.

复习题(二)

1. 判断正误:

(1) 若函数 $f(x)$ 在点 x_0 不可导,则该函数在点 x_0 不连续;

(2) 若函数 $f(x)$ 在点 x_0 不连续,则该函数在点 x_0 不可导;

(3) 若函数 $f(x)$ 在点 x_0 可导,则该函数在 x_0 不一定可微;

(4) $(\cos(1-x))'=-\sin(1-x)$;

(5) 如果 $f(x)$ 在 x_0 点可导,$\varphi(x)$ 在 x_0 点不可导,则 $f(x)+\varphi(x)$ 在点 x_0 不可导.

2. 填空:

(1) 设曲线方程为 $y=f(x)$,曲线在点 $p_0(x_0,y_0)$ 与 $p(x,y)$ 之间割线的斜率是_____,在点 $p_0(x_0,y_0)$ 的切线斜率(若斜率存在)是_____,在点 $p_0(x_0,y_0)$ 的切线方程是_____;

(2) 若函数 $f(x)$ 在点 x 处可导,则函数 $f(x)$ 在点 x 处的微分 $\mathrm{d}y=$ _____;

(3) $\dfrac{1}{9+x^2}\mathrm{d}x = \mathrm{d}$ _____;

(4) 已知 $f(x) = \ln 3x + 2\mathrm{e}^{\frac{1}{2}x}$，$f'(2) =$ _____;

(5) 设物体的运动方程为 $s(t) = t^2 + t$，则其速度为 $v(t) =$ _____，加速度为 $a(t) =$ _____;

(6) 函数 $f(x) = x + \dfrac{1}{x}$ 的单调递减区间为 _____;

(7) 函数 $f(x) = x^2 - 2x$ 的极小值为 _____，函数 $f(x) = x(x-3)^2$ 的极大值点为 _____;

(8) 函数 $y = x\mathrm{e}^{-x}$ 在 $[0,2]$ 上的最小值为 _____;

(9) 曲线 $y = x^3 - 3x + 1$ 的凸区间为 _____;

(10) 函数 $f(x) = (x^2 - 1)^3 + 1$ 取得最小值的点可能是下列诸点： _____ 或 _____;

(11) 函数 $y = \dfrac{x^3}{3} - x^2 - 3x + 1$ 单调递减且图形为凹的区间是 _____.

3. 选择题：

(1) 函数 $y = f(x_0)$ 在 x_0 处可导，且 $f'(x_0) = \sqrt{3}$，则曲线 $y = f(x)$ 在点 $(x_0, f(x_0))$ 处的切线的倾斜角是（　　）.

(A) 0　　　　(B) $\dfrac{\pi}{2}$　　　　(C) 锐角　　　　(D) 钝角

(2) 设函数 $f(x)$ 在点 x_0 处的导数存在，则 $\lim\limits_{\Delta x \to 0} \dfrac{f(x_0 + 2\Delta x) - f(x_0)}{\Delta x}$ = （　　）.

(A) $2f'(x)$　　(B) $2f'(x_0)$　　(C) $f'(x_0)$　　　　(D) $f'(x)$

(3) 已知函数 $f(x) = \begin{cases} 1-x & x \geqslant 0 \\ \mathrm{e}^{-x} & x < 0 \end{cases}$，则在 $x = 0$ 处（　　）.

(A) 间断　　　　　　　　(B) 连续但不可导

(C) $f'(0) = -1$　　　　　(D) $f'(0) = 1$

(4) 若函数 $f(x)$ 可导，且 $y = f(\ln^2 x)$，则 $\dfrac{\mathrm{d}y}{\mathrm{d}x} = $（　　）.

(A) $f'(\ln^2 x)$　　　　　　(B) $2\ln x f'(\ln^2 x)$

(C) $\dfrac{2\ln x}{x}\left[f(\ln^2 x)\right]'$　　　　(D) $\dfrac{2\ln x}{x}f'(\ln^2 x)$

(5) 设 $y = \dfrac{\varphi(x)}{x}$，$\varphi(x)$ 可导，则 $\mathrm{d}y = ($ $)$.

(A) $\dfrac{x\mathrm{d}\varphi(x) - \varphi(x)\mathrm{d}x}{x^2}$ (B) $\dfrac{\varphi'(x) - \varphi(x)}{x^2}\mathrm{d}x$

(C) $-\dfrac{\mathrm{d}\varphi(x)}{x^2}$ (D) $\dfrac{x\mathrm{d}\varphi(x) - \mathrm{d}\varphi(x)}{x^2}$

(6) 下列命题正确的是(   ).

(A) 驻点一定是极值点   (B) 驻点不是极值点

(C) 驻点不一定是极值点   (D) 驻点是函数的零点

(7) 曲线 $y = 3x^2 - x^3$ 是凸的且具有一个极值点的区间为(   ).

(A)$(-\infty, +\infty)$ (B)$(-\infty, 1)$

(C)$(1, +\infty)$ (D)$(-1, +\infty)$

(8) 已知 $f(x) = a\cos x + \dfrac{1}{2}\cos 2x$（$a$ 为常数）在 $x = \dfrac{\pi}{3}$ 取得极值，则 $a = ($).

(A)2   (B)1   (C)0   (D)-1

(9) 若 $f(x)$ 在区间 (a,b) 内恒有 $f'(x) > 0$，$f''(x) > 0$，则曲线 $f(x)$ 在此区间内是(   ).

(A) 单调递减，凹的   (B) 单调递减，凸的

(C) 单调递增，凹的   (D) 单调递增，凸的

(10) 设函数 $f(x)$ 在 $(-\infty, +\infty)$ 内二阶可导，且 $f(-x) = -f(x)$，如果当 $x > 0$ 时，$f'(x) > 0$，且 $f''(x) > 0$，则当 $x < 0$ 时，曲线 $y = f(x)$ 是(   ).

(A) 单调递增且是凸的   (B) 单调递增且是凹的

(C) 单调递减且是凸的   (D) 单调递减且是凹的

(11) 如果 $f'(x_0) = f''(x_0) = 0$，则 $f(x)$ 在 $x = x_0$ 处(   ).

(A) 一定有极大值   (B) 一定有极小值

(C) 不一定有极值   (D) 一定没有极值

4. 计算：

(1) 设 $y = 2^{\cot^2 \frac{1}{x}}$，求 $\mathrm{d}y$；

(2) 设 $y = \left(\dfrac{1+x^2}{1-x}\right)^3$，求 y'；

(3) $xy^3 - 3x^2 = xy - 3$，求 $y'|_{x=1}$；

(4) 设 $f(x) = (\sin x)^x + x^{2x}$，求 $f'(x)$.

5. 讨论下列函数在 $x = 0$ 处的连续性与可导性：

(1) $f(x) = \begin{cases} 2 + x^2 & x \geqslant 0 \\ 2 - x & x < 0 \end{cases}$；   (2) $g(x) = \begin{cases} x^2 \cos \dfrac{1}{x} & x \neq 0 \\ 0 & x = 0 \end{cases}$；

(3) $f(x) = \begin{cases} \dfrac{\sin x}{x} & x \neq 0 \\ 0 & x = 0 \end{cases}$.

6. 曲线 $y = x^2 + 2x - 2$ 上哪一点处的切线与 x 轴平行？哪一点处的切线与直线 $y = 6x + 2$ 平行？又在哪一点处的切线与 x 轴交角为 $30°$？

7. 已知电容器极板上的电荷为 $\theta(t) = c\mu_m \sin\omega t$，其中 c, μ_m, ω 都是常数，求电流强度 $i(t)$.

8. 当 $-1 < x < 1$ 时，函数 $y = a\left(\dfrac{1}{3}x^3 - x\right)$ 是单调递减函数，求 a 的取值范围.

9. 确定曲线 $y = x^2 \ln \dfrac{1}{x}$ 的凹凸区间和拐点.

10. 求使函数 $f(x) = x^3 + 3kx^2 - kx - 1$ 没有极值的实数 k 的取值范围.

11. 设函数 $f(x) = ax^3 + bx^2 + cx + 5$ 在 $x = -2$ 时取极大值，在 $x = 4$ 时取极小值，而极大值与极小值的差为 27，试确定 a, b, c 的值.

第三章　积分

微积分中的两个基本概念——微分和积分都来源于实践. 在第二章中我们已经学习了导数与微分, 本章我们将学习它的逆运算——积分.

3.1　原函数与不定积分

3.1.1　原函数与不定积分

在第二章中我们所学的是已知一个函数, 求这个函数的导数(微分); 现在是已知一个函数的导函数, 求该函数的表达式. 为此, 先给出下面的几个概念和结论.

1. 若 $F'(x) = f(x)(\mathrm{d}F(x) = f(x)\mathrm{d}x)$, 则称函数 $F(x)$ 为函数 $f(x)$ 的一个原函数.

2. 函数 $f(x)$ 若有一个原函数 $F(x)$, 则有无穷多个原函数, 即有 $F(x) + C$ 的形式.

设 $F_1'(x) = f(x)$, $F_2'(x) = f(x)$, 则有 $(F_1(x) - F_2(x))' = 0$, 从而有 $F_1(x) - F_2(x) = C$, 所以 $F_1(x) = F_2(x) + C$, 即同一个函数的原函数间仅差一个常数.

3. 设 $F(x)$ 是 $f(x)$ 的一个原函数, 称表示式 $F(x) + C$ 为 $f(x)$ 的不定积分, 记为 $\int f(x)\mathrm{d}x$, 即

$$\int f(x)\mathrm{d}x = F(x) + C. (C \text{ 为任意常数})$$

其中, x 称为积分变量, 函数 $f(x)$ 称为被积函数, $\int$ 称为积分号, $f(x)\mathrm{d}x$ 称为积分表达式.

4. 导数(微分)与不定积分具有如下的关系:

$$\left(\int f(x)\mathrm{d}x\right)' = f(x); \mathrm{d}\left(\int f(x)\mathrm{d}x\right) = f(x)\mathrm{d}x;$$

$$\int f'(x)\mathrm{d}x = f(x) + C; \int \mathrm{d}f(x) = f(x) + C.$$

即先积分后导数为自己,先导数后积分为自己加 C.

例 1 因为 $(\sin x)' = \cos x$,所以 $\cos x$ 是函数 $\sin x$ 的一个原函数. $\cos x + C$ 表示了函数 $\sin x$ 所有的原函数, $\cos x + C$ 是 $\sin x$ 的不定积分, 即

$$\int \sin x\mathrm{d}x = \cos x + C.$$

注:(1) 可以用求导的方法验证所求不定积分是否正确;

(2) 微分与积分是互逆的运算;

(3) 也可称 $F(x) + C$ 为函数 $f(x)$ 的原函数族,或称为函数 $f(x)$ 的全体原函数.

3.1.2 直接积分法

本节我们专门学习如何求函数 $f(x)$ 的不定积分 $\int f(x)\mathrm{d}x$.

显然求不定积分实质上是求一个原函数的问题,而求导与求不定积分是互逆的运算,所以可以从导数的计算公式推出一些简单的不定积分公式.

1. 不定积分的性质

性质 1 $\int (f(x) \pm g(x))\mathrm{d}x = \int f(x)\mathrm{d}x \pm \int g(x)\mathrm{d}x$;

性质 2 $\int kf(x)\mathrm{d}x = k\int f(x)\mathrm{d}x$.

2. 不定积分的基本公式

(1) $\int 0\mathrm{d}x = C$; (2) $\int x^{\alpha}\mathrm{d}x = \dfrac{1}{\alpha+1}x^{\alpha+1} + C(\alpha \neq -1)$;

(3) $\int a^x\mathrm{d}x = \dfrac{1}{\ln a}a^x + C$; (4) $\int \mathrm{e}^x\mathrm{d}x = \mathrm{e}^x + C$;

(5) $\int \dfrac{1}{x}\mathrm{d}x = \ln|x| + C$; (6) $\int \cos x\mathrm{d}x = \sin x + C$;

(7) $\int \sin x\mathrm{d}x = -\cos x + C$; (8) $\int \sec^2 x\mathrm{d}x = \tan x + C$;

(9) $\int \csc^2 x = -\cot x + C$; (10) $\int \sec x\tan x\mathrm{d}x = \sec x + C$;

(11) $\int \csc x \cot x \mathrm{d}x = -\csc x + C$; (12) $\int \dfrac{1}{\sqrt{1-x^2}}\mathrm{d}x = \arcsin x + C$;

(13) $\int \dfrac{1}{1+x^2}\mathrm{d}x = \arctan x + C$.

以上公式是由 16 个导数公式推导出来的,如公式(5)的推导:

由 $(\log_a x)' = \dfrac{1}{x\ln a}$,两边同时积分,得 $\int (\log_a x)'\mathrm{d}x = \int \dfrac{1}{x\ln a}\mathrm{d}x$(先导后

积),$\log_a x + C_1 = \dfrac{1}{\ln a}\int \dfrac{1}{x}\mathrm{d}x$,所以

$$\int \frac{1}{x}\mathrm{d}x = \log_a x \ln a + C_1 \ln a = \ln x + C.$$

运用性质和基本公式(有时需要作适当的变形)求得积分的方法,称为直接积分法.

例 2　求不定积分 $\int (x^3 + \dfrac{1}{x} + \dfrac{1}{x^2})\mathrm{d}x$.

解　原式 $= \int x^3 \mathrm{d}x + \int \dfrac{1}{x}\mathrm{d}x + \int \dfrac{1}{x^2}\mathrm{d}x = \dfrac{x^4}{4} + \ln x - \dfrac{1}{x} + C$.

例 3　$\int \sqrt{x\sqrt{x\sqrt{x}}}\,\mathrm{d}x$.

解　原式 $= \int x^{\frac{7}{8}}\mathrm{d}x = \dfrac{8}{15}x^{\frac{15}{8}} + C$.

例 4　求不定积分 $\int \dfrac{x^2 - \sqrt[3]{x} + \sqrt{x} + 3}{x}\mathrm{d}x$.

解　原式 $= \int (x - x^{-\frac{2}{3}} + x^{-\frac{1}{2}} + \dfrac{3}{x})\mathrm{d}x = \dfrac{1}{2}x^2 - 3\sqrt[3]{x} + 2\sqrt{x} + 3\ln x + C$.

例 5　求不定积分 $\int (2^x + \mathrm{e}^x)^2 \mathrm{d}x$.

解　原式 $= \int (2^{2x} + 2 \cdot 2^x \mathrm{e}^x + \mathrm{e}^{2x})\mathrm{d}x = \int (4^x + 2(2\mathrm{e})^x + (\mathrm{e}^2)^x)\mathrm{d}x$

$= \dfrac{4^x}{\ln 4} + \dfrac{2(2\mathrm{e})^x}{\ln 2\mathrm{e}} + \dfrac{(\mathrm{e}^2)^x}{\ln \mathrm{e}^2} + C = \dfrac{4^x}{\ln 4} + \dfrac{2(2\mathrm{e})^x}{1+\ln 2} + \dfrac{\mathrm{e}^{2x}}{2} + C$.

例 6　求不定积分 $\int \dfrac{(1+x)^2}{x(1+x^2)}\mathrm{d}x$.

解　原式 $= \int \dfrac{1+2x+x^2}{x(1+x^2)}\mathrm{d}x = \int (\dfrac{1}{x} + \dfrac{2}{1+x^2})\mathrm{d}x = \ln|x| + 2\arctan x + C$.

例 7　求不定积分 $\int \sin^2 \dfrac{x}{2}\mathrm{d}x$.

解　原式 $= \int \dfrac{1-\cos x}{2} \mathrm{d}x = \dfrac{1}{2}x - \dfrac{1}{2}\sin x + C.$

例 8　求不定积分 $\int \dfrac{\cos 2x}{\sin^2 x \cos^2 x} \mathrm{d}x.$

解　原式 $= \int \dfrac{\cos^2 x - \sin^2 x}{\sin^2 x \cos^2 x} \mathrm{d}x = \int (\csc^2 x - \sec^2 x) \mathrm{d}x = -\cot x - \tan x + C.$

例 9　求不定积分 $\int \dfrac{x^4 - x^2 + 1}{x^2 + 1} \mathrm{d}x.$

解

$$原式 = \int \dfrac{x^4 + x^2 - 2x^2 - 2 + 3}{x^2 + 1} \mathrm{d}x = \int (x^2 - 2 + \dfrac{3}{x^2 + 1}) \mathrm{d}x$$

$$= \dfrac{1}{3}x^3 - 2x + 3\arctan x + C.$$

注：(1) 对被积函数要充分利用化乘除为加减的方法；

(2) 要熟练对被积函数使用三角公式化简的方法；

(3) 对被积函数要充分利用化假分式为真分式与多项式之和的方法；

(4) 不定积分的答案一定要且仅要加一个 C.

练习题 3.1

1. 若 $f(x)$ 的一个原函数为 $2x^2 + \mathrm{e}^{-x}$,求 $\int f(x)\mathrm{d}x.$

2. 若 $f(x)$ 的一个原函数为 $x^3 \ln x$,求 $f(x).$

3. 若 $\int f(x)\mathrm{d}x = \tan x + \cos x + C$,求 $f(x).$

4. 若 $f(x)$ 的一个原函数为 $\dfrac{\cos x}{\sqrt{x}}$,求 $\int f'(x)\mathrm{d}x.$

5. 若 $f(x)$ 的一个原函数为 $x\sin x$,求 $\left[\int f(x)\mathrm{d}x\right]'.$

6. 若 $f(x) = \ln x$,求 $\int \mathrm{e}^x f'(\mathrm{e}^x)\mathrm{d}x.$

7. 求下列不定积分：

(1) $\int (\csc^2 x - \tan^2 x)\mathrm{d}x$;　　　(2) $\int x\sqrt{x\sqrt{x}}\,\mathrm{d}x$;

(3) $\int 2^{3x}\mathrm{e}^x \mathrm{d}x$;　　　(4) $\int \dfrac{2+3x^2}{x^2(1+x^2)}\mathrm{d}x$;

$(5) \int e^{2x+1} dx;$

$(6) \int (x^3 + \dfrac{3}{\sqrt{x}} + \dfrac{1}{\sqrt{1-x^2}} - 2^x) dx;$

$(7) \int \left(\dfrac{x}{2} + \dfrac{2}{x}\right)^2 dx;$

$(8) \int \cos^2 \dfrac{x}{2} dx;$

$(9) \int \dfrac{(x-1)^2}{x(1+x^2)} dx;$

$(10) \int \dfrac{1}{\sin^2 x \cos^2 x} dx;$

$(11) \int \dfrac{1+\cos^2 x}{1+\cos 2x} dx;$

$(12) \int \dfrac{x^4}{1+x^2} dx.$

8. 已知函数 $f(x)$ 的导数为 $3x^2+1$,且当 $x=1$ 时,$y=2$,求此函数.

9. 已知一条曲线在任一点的切线斜率等于该点横坐标的倒数,且曲线过点$(e^2,3)$,求曲线方程.

3.2　第一类型换元法

大多数的积分不能直接利用积分公式,可考虑用变量代换法,即可求得.

设 $\int f(x)dx = F(x) + C$,求 $\int f(\varphi(x))\varphi'(x)dx$.

作变量代换,令 $\varphi(x) = t$,有 $dt = \varphi'(x)dx$,则

$$\int f(\varphi(x))\varphi'(x)dx = \int f(t)dt = F(t) + C = F(\varphi(x)) + C.$$

或用"凑微分"法,即

$$\int f(\varphi(x))\varphi'(x)dx = \int f(\varphi(x))d(\varphi(x)) = F(\varphi(x)) + C.$$

例1 $\int (2x-1)^9 dx.$

解1 令 $t = 2x-1$,则 $x = \dfrac{t+1}{2}$,$dx = \dfrac{1}{2}dt$,则

$$原式 = \dfrac{1}{2}\int t^9 dt = \dfrac{1}{20}t^{10} + C = \dfrac{1}{20}(2x-1)^{10} + C.$$

解2 $原式 = \dfrac{1}{2}\int (2x-1)^9 d(2x-1) = \dfrac{1}{20}(2x-1)^{10} + C.$

例2 $\int xe^{-x^2} dx.$

解 1 令 $t = -x^2$，则 $dt = -2x dx$，则

$$原式 = -\frac{1}{2}\int e^t dt = -\frac{1}{2}e^t + C = -\frac{1}{2}e^{-x^2} + C.$$

解 2 $原式 = -\frac{1}{2}\int e^{-x^2} d(-x^2) = -\frac{1}{2}e^{-x^2} + C.$

通过上述两个例子，说明了求不定积分的一种方法，即利用变量代换，使所求的积分成为基本公式表中的形式，再利用公式得到答案，这种方法称为第一类型换元法或"凑微分"法.

当读者熟练后，一般都不写出中间变量 t，而直接利用"凑微分"写出答案.

例 3 $\int \frac{\ln^2 x}{x} dx.$

解 $原式 = \int \ln^2 x d(\ln x) = \frac{1}{3}\ln^3 x + C.$

例 4 $\int \frac{\sin\sqrt{x}}{\sqrt{x}} dx.$

解 $原式 = 2\int \sin\sqrt{x} d(\sqrt{x}) = -2\cos\sqrt{x} + C.$

例 5 $\int \cos^2 x \sin^3 x dx.$

解 $原式 = -\int \cos^2 x(1 - \cos^2 x) d(\cos x) = -\frac{1}{5}\cos^5 x + \frac{1}{3}\cos^3 x + C.$

以下例题先适当变形后再用凑微分法：

例 6 $\int \sin^2 x dx.$

解 $原式 = \int \frac{1 - \cos 2x}{2} dx = \frac{1}{2}x - \frac{1}{4}\int \cos 2x d(2x) = \frac{1}{2}x - \frac{1}{4}\sin 2x + C.$

例 7 $\int \tan x dx.$

解 $原式 = \int \frac{\sin x}{\cos x} dx = -\int \frac{1}{\cos x} d(\cos x) = -\ln(\cos x) + C.$

例 8 $\int \frac{dx}{\sqrt{a^2 - x^2}} dx.$

解 $原式 = \int \frac{dx}{a\sqrt{1 - \frac{x^2}{a^2}}} dx = \int \frac{dx}{\sqrt{1 - (\frac{x}{a})^2}} d(\frac{x}{a}) = \arcsin\frac{x}{a} + C.$

例 9 $\displaystyle\int \frac{1}{a^2+x^2}\mathrm{d}x.$

解 原式 $\displaystyle=\int \frac{1}{a^2(1+\frac{x^2}{a^2})}\mathrm{d}x=\frac{1}{a}\int \frac{1}{1+(\frac{x}{a})^2}\mathrm{d}(\frac{x}{a})=\frac{1}{a}\arctan \frac{x}{a}+C.$

例 10 $\displaystyle\int \frac{1}{x^2+2x+3}\mathrm{d}x.$

解 原式 $\displaystyle=\int \frac{1}{2+(x+1)^2}\mathrm{d}(x+1)=\frac{1}{\sqrt{2}}\arctan \frac{x+1}{\sqrt{2}}+C.$

例 11 $\displaystyle\int \frac{1}{a^2-x^2}\mathrm{d}x.$

解 原式 $\displaystyle=\int \frac{1}{(a-x)(a+x)}\mathrm{d}x=\frac{1}{2a}\int (\frac{1}{a-x}+\frac{1}{a+x})\mathrm{d}x$

$\displaystyle\qquad=\frac{-1}{2a}\int \frac{1}{a-x}\mathrm{d}(a-x)+\frac{1}{2a}\int \frac{1}{a+x}\mathrm{d}(a+x)$

$\displaystyle\qquad=\frac{-1}{2a}\ln(a-x)+\frac{1}{2a}\ln(a+x)+C=\frac{1}{2a}\ln \frac{a+x}{a-x}+C.$

例 12 $\displaystyle\int \sec x\mathrm{d}x.$

解 原式 $\displaystyle=\int \frac{\sec x(\sec x+\tan x)}{\sec x+\tan x}\mathrm{d}x=\int \frac{\sec^2 x+\sec x\tan x}{\sec x+\tan x}\mathrm{d}x$

$\displaystyle\qquad=\int \frac{\mathrm{d}(\sec x+\tan x)}{\sec x+\tan x}=\ln(\sec x+\tan x)+C.$

例 13 $\displaystyle\int \frac{1}{1+\mathrm{e}^x}\mathrm{d}x.$

解 原式 $\displaystyle=\int \frac{\mathrm{e}^{-x}}{\mathrm{e}^{-x}+1}\mathrm{d}x=-\int \frac{1}{\mathrm{e}^{-x}+1}\mathrm{d}(\mathrm{e}^{-x}+1)=-\ln(\mathrm{e}^{-x}+1)+C.$

例 14 $\displaystyle\int \frac{x^3-x^2+x+1}{1+x}\mathrm{d}x.$

解 原式 $\displaystyle=\int \frac{x^3+x^2-2x^2-2x+3x+3-2}{1+x}\mathrm{d}x$

$\displaystyle\qquad=\int (x^2-2x+3-\frac{2}{1+x})\mathrm{d}x$

$\displaystyle\qquad=\frac{1}{3}x^3-x^2+3x-2\ln(1+x)+C.$

注:(1) 利用变量代换法,得到结论时要记住将变量回代;

(2) 通常,我们用"凑微分"法而不用变量代换法求积分.

练习题 3.2

求下列不定积分:

1. $\int e^{-3x+1} dx$;

2. $\int x (2x^2 - 1)^3 dx$;

3. $\int \frac{1}{x^2} e^{\frac{1}{x}} dx$;

4. $\int \frac{x}{9 + x^2} dx$;

5. $\int \frac{1}{9 + x^2} dx$;

6. $\int \frac{\sin(\sqrt{x} - 1)}{\sqrt{x}} dx$;

7. $\int \frac{1 + \ln x}{x \ln^2 x} dx$;

8. $\int \frac{\arcsin x}{\sqrt{1 - x^2}} dx$;

9. $\int \frac{1}{x^2 - a^2} dx$;

10. $\int \csc x\, dx$;

11. $\int \frac{1 + \tan x}{\cos^2 x} dx$;

12. $\int \frac{x^2}{x^3 - 1} dx$;

13. $\int x 2^{x^2+1} dx$;

14. $\int \sin^2 x \cos^2 x\, dx$;

15. $\int \sin^2 x \cos^3 x\, dx$;

16. $\int \sin^3 x \cos^4 x\, dx$;

17. $\int \sqrt[3]{(1 + 2x)^2}\, dx$;

18. $\int \frac{e^{2x}}{1 + e^x} dx$;

19. $\int \frac{x - 1}{x^2 - 2x + 2} dx$;

20. $\int \frac{\sin x + \cos x}{\sin x - \cos x} dx$;

21. $\int \frac{x^3 + 1}{x - 1} dx$.

*3.3 第二类型换元法

有时被积函数较复杂,不能用前面所学的积分法求出积分,但当我们作了适当的变量代换 $x = \varphi(t)$ 后,所得到新的积分可以求得,这就是第二类型换元积分法.

对于 $\int f(x) dx$,设 $F(x)$ 是 $f(\varphi(x))\varphi'(x)$ 的一个原函数.

作变量代换,令 $x = \varphi(t)$,有 $dx = \varphi'(t) dt$,则

$$\int f(x) dx = \int f(\varphi(t))\varphi'(t) dt = F(t) + C = F(\varphi^{-1}(x)) + C.$$

一般地,第二类型换元法的类型有:

(1) 含 $\sqrt{ax + b}$:作变量代换 $x = \frac{t^2 - b}{a}$;

(2) 含 $\sqrt{a^2 - x^2}$:作变量代换 $x = a\sin t$;

(3) 含 $\sqrt{x^2 + a^2}$:作变量代换 $x = a\tan t$;

（4）含 $\sqrt{x^2-a^2}$：作变量代换 $x=a\sec t$.

例 1 $\displaystyle\int\frac{1}{1+\sqrt{2x}}\mathrm{d}x$.

解　令 $\sqrt{2x}=t$，则 $\mathrm{d}x=t\mathrm{d}t$.

$$\text{原式}=\int\frac{t}{1+t}\mathrm{d}t=\int\frac{(t+1)-1}{1+t}\mathrm{d}t=\int\mathrm{d}t-\int\frac{1}{1+t}\mathrm{d}(1+t)$$

$$=t-\ln(1+t)+C=\sqrt{2x}-\ln(1+\sqrt{2x})+C.$$

例 2 $\displaystyle\int\frac{1}{\sqrt[3]{x}+\sqrt{x}}\mathrm{d}x$.

解　令 $x=t^6$，则 $\mathrm{d}x=6t^5\mathrm{d}t$.

$$\text{原式}=\int\frac{6t^3}{t+1}\mathrm{d}t=6\int\frac{t^3+t^2-t^2-t+t+1-1}{t+1}\mathrm{d}t=6\int(t^2-t+1-\frac{1}{t+1})\mathrm{d}t$$

$$=2t^3-3t^2+6t-6\ln(t+1)+C$$

$$=2\sqrt{x}-3\sqrt[3]{x}+6\sqrt[6]{x}-6\ln(\sqrt[6]{x}+1)+C.$$

例 3 $\displaystyle\int\frac{x}{\sqrt{a^2-x^2}}\mathrm{d}x$.

解　令 $x=a\sin t$，则 $\mathrm{d}x=a\cos t\mathrm{d}t$.

$$\text{原式}=\int\frac{a\sin t}{a\cos t}a\cos t\mathrm{d}t=\int a\sin t\mathrm{d}t=-a\cos t+C=-\sqrt{a^2-x^2}+C.$$

例 4 $\displaystyle\int\frac{1}{(a^2+x^2)^{\frac{3}{2}}}\mathrm{d}x$.

解　令 $x=a\tan t$，则 $\mathrm{d}x=a\sec^2 t\mathrm{d}t$.

$$\text{原式}=\int\frac{a\sec^2 t}{a^3\sec^3 t}\mathrm{d}t$$

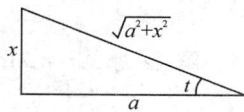

图 3.3.1

$$=\frac{1}{a^2}\int\cos t\mathrm{d}t=\frac{\sin t}{a^2}+C.$$

由 $\tan t=\dfrac{x}{a}$ 作辅助三角形（如图 3.3.1），由图中得 $\sin t=\dfrac{x}{\sqrt{a^2+x^2}}$，即

$$\text{原式}=\frac{x}{a^2\sqrt{a^2+x^2}}+C.$$

注：（1）用哪类换元积分法，一般地说有其特定的题型. 但不是绝对的，如例 3，两种方法都适用.

（2）用变量代换法求不定积分需回代.

练习题 3.3

求下列不定积分：

1. $\int \dfrac{1}{1+\sqrt{x-1}}\mathrm{d}x$；　　2. $\int \dfrac{1}{\sqrt{x}+\sqrt[4]{x}}\mathrm{d}x$；　　3. $\int \dfrac{\arctan\sqrt{x}}{\sqrt{x}\,(1+x)}\mathrm{d}x$；

4. $\int \dfrac{1}{x\,\sqrt{x^2-1}}\mathrm{d}x$；　　5. $\int \dfrac{1}{\sqrt{(1+x^2)^3}}\mathrm{d}x$　　6. $\int \dfrac{\sqrt{9-x^2}}{x^2}\mathrm{d}x$.

3.4　分部积分法

有些形如 $\int f(x)g(x)\mathrm{d}x$ 的积分，用前面的求法都无效，可以用下述的分部积分法来解决.

由微分的乘法法则，有 $\mathrm{d}(uv)=u\mathrm{d}v+v\mathrm{d}u$，两边求不定积分，$\int \mathrm{d}(uv)=\int u\mathrm{d}v+\int v\mathrm{d}u$，所以 $\int u\mathrm{d}v=uv-\int v\mathrm{d}u$. 这就是分部积分公式.

1. 单一函数的积分

例 1 $\int \ln x\mathrm{d}x$.

解　原式 $=x\ln x-\int x\cdot\dfrac{1}{x}\mathrm{d}x=x\ln x-x+C$.

例 2 $\int \arcsin x\mathrm{d}x$.

解　原式 $=x\arcsin x-\int \dfrac{x}{\sqrt{1-x^2}}\mathrm{d}x=x\arcsin x+\dfrac{1}{2}\int (1-x^2)^{-\frac{1}{2}}\mathrm{d}(1-x^2)$

$=x\arcsin x+\sqrt{1-x^2}+C$.

例 3 $\int \arctan x\mathrm{d}x$.

解　原式 $=x\arctan x-\int \dfrac{x}{1+x^2}\mathrm{d}x=x\arctan x-\dfrac{1}{2}\int \dfrac{1}{1+x^2}\mathrm{d}(1+x^2)$

$=x\arctan x-\dfrac{1}{2}\ln(1+x^2)+C$.

2. 两个函数相乘的积分

56

例 4 $\int x\mathrm{e}^{2x}\mathrm{d}x.$

解　原式 $=\dfrac{1}{2}\int x\mathrm{d}(\mathrm{e}^{2x})=\dfrac{1}{2}x\mathrm{e}^{2x}-\dfrac{1}{2}\int \mathrm{e}^{2x}\mathrm{d}x=\dfrac{1}{2}x\mathrm{e}^{2x}-\dfrac{1}{4}\mathrm{e}^{2x}+C.$

例 5 $\int x\sin x\mathrm{d}x.$

解　原式 $=-\int x\mathrm{d}(\cos x)=-x\cos x+\int \cos x\mathrm{d}x=-x\cos x+\sin x+C.$

例 6 $\int x\arctan x\mathrm{d}x.$

解　原式 $=\int \arctan x\mathrm{d}(\dfrac{x^2}{2})=\dfrac{x^2}{2}\arctan x-\dfrac{1}{2}\int \dfrac{x^2}{1+x^2}\mathrm{d}x$

$\qquad=\dfrac{x^2}{2}\arctan x-\dfrac{1}{2}\int \dfrac{1+x^2-1}{1+x^2}\mathrm{d}x$

$\qquad=\dfrac{x^2}{2}\arctan x-\dfrac{1}{2}\int (1-\dfrac{1}{1+x^2})\mathrm{d}x$

$\qquad=\dfrac{x^2}{2}\arctan x-\dfrac{1}{2}x+\dfrac{1}{2}\arctan x+C.$

例 7 $\int x\ln x\mathrm{d}x.$

解　原式 $=\int \ln x\mathrm{d}(\dfrac{x^2}{2})=\dfrac{x^2}{2}\ln x-\int \dfrac{x^2}{2}\cdot\dfrac{1}{x}\mathrm{d}x=\dfrac{x^2}{2}\ln x-\dfrac{x^2}{4}+C.$

3. 多次应用分部积分公式

例 8 $\int x\ln^2 x\mathrm{d}x.$

解　原式 $=\int \ln^2 x\mathrm{d}(\dfrac{x^2}{2})=\dfrac{x^2}{2}\ln^2 x-\int \dfrac{x^2}{2}\cdot 2\ln x\cdot\dfrac{1}{x}\mathrm{d}x$

$\qquad=\dfrac{x^2}{2}\ln^2 x-\int x\ln x\mathrm{d}x=\dfrac{x^2}{2}\ln^2 x-(\dfrac{x^2}{2}\ln x-\int \dfrac{x^2}{2}\cdot\dfrac{1}{x}\mathrm{d}x)$

$\qquad=\dfrac{x^2}{2}\ln^2 x-\dfrac{x^2}{2}\ln x+\dfrac{x^2}{4}+C.$

例 9 $\int x^2\cos x\mathrm{d}x.$

解　原式 $=\int x^2\mathrm{d}(\sin x)=x^2\sin x-2\int x\sin x\mathrm{d}x=x^2\sin x+2\int x\mathrm{d}(\cos x)$

$\qquad=x^2\sin x+2x\cos x-2\int \cos x\mathrm{d}x=x^2\sin x+2x\cos x-2\sin x+C.$

例 10 $\int e^x \sin x dx$.

解 原式 $= \int \sin x d(e^x) = e^x \sin x - \int e^x \cos x dx = e^x \sin x - \int \cos x d(e^x)$

$$= e^x \sin x - e^x \cos x - \int e^x \sin x dx,$$

移项得,原式 $= \dfrac{1}{2}(e^x \sin x - e^x \cos x) + C$.

注:(1) 若是单一函数,则 $u = f(x), v = x$;

(2) 若是两个函数相乘,一般选取求导数后变得快的函数为 u,如对数函数、反三角函数和幂函数;

(3) 若需要多次应用分部积分公式,则 u 的选取应贯穿始终.

练习题 3.4

求下列积分:

1. $\int x \cos x dx$;　　　　2. $\int \ln(1 + x^2) dx$;　　　　3. $\int x \sin 2x dx$;

4. $\int \arccos x dx$;　　　5. $\int x e^{-x} dx$;　　　　6. $\int (2x^2 + 1) \cos x dx$;

7. $\int x^2 \ln x dx$;　　　　8. $\int e^x \cos 2x dx$;　　　9. $\int x^2 e^x dx$;

10. $\int \sin\sqrt{x} dx$;　　11. $\int e^{\sqrt[3]{x}} dx$;　　　10. $\int x \arccos x dx$.

3.5　积分表的使用

在以后的专业学习和实际工作中还会遇到很多的积分,仅靠以上所学的这些公式和方法不一定能完全解决问题.因此,有必要附上简明积分表以供查用.下面我们举例说明积分表的使用方法.

例 1 $\int \dfrac{1}{x^2(3 + 2x)} dx$.

解 查表中一类公式(10), $a = 2, b = 3$,得

$$原式 = -\dfrac{1}{3x} + \dfrac{2}{9}\ln(\dfrac{3 + 2x}{x}) + C.$$

例 2 $\int \dfrac{\sqrt{x^2-1}}{x}\mathrm{d}x.$

解 查表中五类公式(52),$a=1,c=-1$,得

$$原式 = \sqrt{x^2-1} - \arctan\sqrt{x^2-1} + C.$$

例 3 $\int \mathrm{e}^{2x}\cos 3x\mathrm{d}x.$

解 查表中十三类公式(137),$a=2,b=3$,得

$$原式 = \frac{1}{13}\mathrm{e}^{2x}(2\cos 3x + 3\sin 3x) + C.$$

注:有些题目需做适当的整理或变换,才能查积分表.

练习题 3.5

利用积分表求下列各不定积分

1. $\int \dfrac{1}{x\sqrt{3+5x}}\mathrm{d}x;$ 2. $\int \sqrt{3x^2-2}\,\mathrm{d}x;$ 3. $\int \dfrac{1}{4-9x^2}\mathrm{d}x;$

4. $\int x^3\ln 6x\mathrm{d}x;$ 5. $\int \mathrm{e}^{3x}\sin 2x\mathrm{d}x;$ 6. $\int \sqrt{4x^2+9}\,\mathrm{d}x.$

3.6 定积分的概念、性质和公式

3.6.1 定义和几何意义

在这之前,我们能求规则图形(如矩形、梯形等)的面积,但无法求如图 3.6.1 所示的"曲边梯形"面积.
下面,我们利用古人"穷竭法"的思想,获得求解"曲边梯形"面积的方法.

(1)分割:用 $n-1$ 个分点

$$a = x_0 < x_1 < x_2 < \cdots < x_{n-1} < x_n = b$$

把区间 $[a,b]$ 分成 n 个小区间

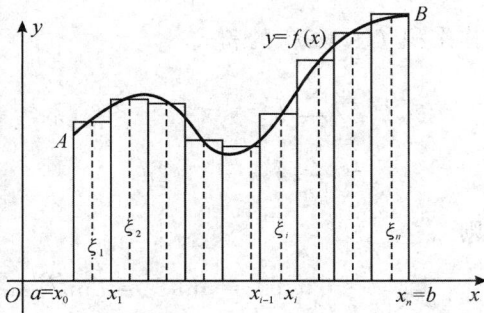

图 3.6.1

59

$[x_0,x_1]$,$[x_1,x_2]$,$\cdots$,$[x_{n-1},x_n]$,每一个小区间的长度为 $\Delta x_k = x_k - x_{k-1}(k=1,2,\cdots,n)$.

（2）求和：在每一个小区间上任取一点 ξ_k，作乘积 $f(\xi_k)\Delta x_k$ 的和式

$$S_n = \sum_{k=1}^{n} f(\xi_k)\Delta x_k.$$

（3）取极限：小区间的最大长度记为 $\lambda(\lambda = \max_{1 \leqslant k \leqslant n}\Delta x_k)$，则

$$S = \lim_{\lambda \to 0}\sum_{k=1}^{n} f(\xi_k)\Delta x_k.$$

从上面的分析可得：

若函数 $f(x)$ 在闭区间 $[a,b]$ 上连续，则和式极限 $\lim_{\lambda \to 0}\sum_{k=1}^{n} f(\xi_k)\Delta x_k$ 必存在. 此时，我们称和式的极限值为函数 $f(x)$ 在闭区间 $[a,b]$ 上的定积分，记作 $\int_a^b f(x)\mathrm{d}x$，即

$$\int_a^b f(x)\mathrm{d}x = \lim_{\lambda \to 0}\sum_{k=1}^{n} f(\xi_k)\Delta x_k.$$

其中，x 称为积分变量，a 与 b 分别称为积分的下限与上限，函数 $f(x)$ 称为被积函数，区间 $[a,b]$ 称为积分区间，$\int$ 称为积分号.

因此，定积分 $\int_a^b f(x)\mathrm{d}x$ 的几何意义表示由曲线 $y = f(x)$，$y = 0$，$x = a$，$x = b$ 所围成平面图形的面积的代数和.

* 例 1 求 $\int_0^2 x^2 \mathrm{d}x$.

解 将区间 $[0,2]$ n 等分，得 $\Delta x_k = \dfrac{2}{n}$，取 $\xi_k = \dfrac{2k}{n}$，则 $f(\xi_k) = \left(\dfrac{2k}{n}\right)^2$，作乘积 $f(\xi_k)\Delta x_k$ 的和式

$$S_n = \sum_{k=1}^{n} f(\xi_k)\Delta x_k = \sum_{k=1}^{n}\left(\frac{2k}{n}\right)^2 \frac{2}{n} = \frac{8}{n^3}(1^2 + 2^2 + \cdots + n^2)$$
$$= \frac{8}{6n^3}n(n+1)(2n+1),$$

则

$$\int_0^2 x^2 \mathrm{d}x = \lim_{n \to \infty}S_n = \lim_{n \to \infty}\frac{8n(n+1)(2n+1)}{6n^3} = \frac{8}{3}.$$

注：（1）定积分的值与积分区间的分法跟积分变量无关；

（2）定积分的值与被积函数跟积分的上、下限有关.

3.6.2　基本性质

1. 两个规定

（1）$\int_a^a f(x)\mathrm{d}x = 0$；

（2）$\int_a^b f(x)\mathrm{d}x = -\int_b^a f(x)\mathrm{d}x$.

2. 性质

（1）$\int_a^b \left[f(x) \pm g(x)\right]\mathrm{d}x = \int_a^b f(x)\mathrm{d}x \pm \int_a^b g(x)\mathrm{d}x$；

（2）$\int_a^b kf(x)\mathrm{d}x = k\int_a^b f(x)\mathrm{d}x$（$k$ 为常数）；

（3）$\int_a^b f(x)\mathrm{d}x = \int_a^c f(x)\mathrm{d}x + \int_c^b f(x)\mathrm{d}x$；

（4）$\int_a^b \mathrm{d}x = b - a$；

（5）若在区间 $[a,b]$ 上有 $f(x) \leqslant g(x)$，则有 $\int_a^b f(x)\mathrm{d}x \leqslant \int_a^b g(x)\mathrm{d}x$；

（6）若 $f(x)$ 在区间 $[a,b]$ 上连续，且 $m \leqslant f(x) \leqslant M$，则

$$m(b-a) \leqslant \int_a^b f(x)\mathrm{d}x \leqslant M(b-a)$$；

（7）积分中值定理：若 $f(x)$ 在区间 $[a,b]$ 上连续，则在区间 (a,b) 内至少存在一点 ξ（如图 3.6.2），使

$$\int_a^b f(x)\mathrm{d}x = f(\xi)(b-a).$$

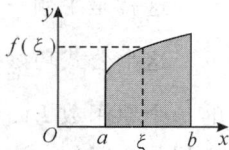

图 3.6.2

例 2　估计 $\int_0^2 x\mathrm{e}^{-x}\mathrm{d}x$ 的值.

解　令 $f(x) = x\mathrm{e}^{-x}$，求导得 $f'(x) = \mathrm{e}^{-x}(1-x)$，令 $f'(x) = 0$，得 $x = 1$.

由 $f(0) = 0$，$f(1) = \mathrm{e}^{-1}$，$f(2) = 2\mathrm{e}^{-2}$，得 $f(x)$ 在闭区间 $[0,2]$ 上的最大值和最小值为

$$M = \mathrm{e}^{-1}, m = 0.$$

由性质（6），

$$\int_0^2 0\mathrm{d}x = \int_0^2 m\mathrm{d}x \leqslant \int_0^2 x\mathrm{e}^{-x}\mathrm{d}x \leqslant \int_0^2 M\mathrm{d}x = \int_0^2 \mathrm{e}^{-1}\mathrm{d}x,$$

所以 $$0 \leqslant \int_0^2 x e^{-x} dx \leqslant 2 e^{-1}.$$

3.6.3　牛顿－莱布尼兹公式

那么我们该怎么求解定积分?它与不定积分之间又有什么样的关系?

设 $G(x) = \int_a^x f(x) dx$,显然可以把 $G(x)$ 看作是关于 x 为自变量的函数(简称为变上限函数),由定积分的定义知,$G(x)$ 表示从点 a 到点 x 的曲边梯形的面积,可以证明(略)$G'(x) = f(x)$,所以 $G(x)$ 是 $f(x)$ 的一个原函数.因此,若 $F(x)$ 是 $f(x)$ 的一个原函数,则有

$$G(x) = \int_a^x f(x) dx = F(x) + C.$$

将 $x = a$ 代入得 $G(x)$ 得,$G(a) = \int_a^a f(a) dx = F(a) + C = 0$,从而得 $C = -F(a)$;

将 $x = b$ 代入得 $G(x)$ 得,$G(b) = \int_a^b f(x) dx = F(b) + C$,即有

$$\int_a^b f(x) dx = F(b) - F(a).$$

通常,将 $F(b) - F(a)$ 记为 $F(x) \big|_a^b$,即

$$\int_a^b f(x) dx = F(x) \big|_a^b = F(b) - F(a).$$

这就是牛顿－莱布尼兹公式,也称为微积分基本公式.

这个公式巧妙地将计算定积分 $\int_a^b f(x) dx$ 的问题,转化为求函数 $f(x)$ 的一个原函数 $F(x)$ 的问题.因此牛顿－莱布尼兹公式是连接定积分与不定积分之间的一座桥梁,在积分学中起着重要的作用,通过它可以较简单地计算出定积分的值.

3.6.4　直接积分法

例 3　求 $\int_0^1 x^2 dx$.

解　$\int_0^1 x^2 dx = \dfrac{1}{3} x^3 \Big|_0^1 = \dfrac{1}{3}.$

例 4　$\int_0^{\frac{\pi}{2}} \cos x dx$.

解 $\int_0^{\frac{\pi}{2}} \cos x \mathrm{d}x = \sin x \Big|_0^{\frac{\pi}{2}} = 1.$

从理论上说,会求不定积分,再求定积分已不是问题,但我们还得注意定积分运算的具体特点.

例 5 求定积分 $\int_0^1 (x^3 + 2^x + 2)\mathrm{d}x.$

解 原式 $= (\frac{1}{4}x^4 + \frac{2^x}{\ln 2} + 2x)\Big|_0^1 = \frac{1}{4} + \frac{2-1}{\ln 2} + 2 = \frac{1}{\ln 2} + 2\frac{1}{4}.$

例 6 求定积分 $\int_1^2 \frac{(2x+1)^2}{x}\mathrm{d}x.$

解 原式 $= \int_1^2 (4x + 4 + \frac{1}{x})\mathrm{d}x = (2x^2 + 4x + \ln x)\Big|_1^2 = 10 + \ln 2.$

例 7 求定积分 $\int_{\frac{\sqrt{3}}{3}}^1 \frac{1}{x^2(1+x^2)}\mathrm{d}x.$

解 原式 $\int_{\frac{\sqrt{3}}{3}}^1 (\frac{1}{x^2} - \frac{1}{1+x^2})\mathrm{d}x = -(\frac{1}{x} + \arctan x)\Big|_{\frac{\sqrt{3}}{3}}^1 = \sqrt{3} - 1 - \frac{\pi}{12}.$

例 8 已知 $f(x) = \begin{cases} \sqrt[3]{x} & -1 \leqslant x \leqslant 0 \\ \sqrt{x} & 0 < x \leqslant 1 \end{cases}$, 求定积分 $\int_{-1}^1 f(x)\mathrm{d}x.$

解 $\int_{-1}^1 f(x)\mathrm{d}x = \int_{-1}^0 f(x)\mathrm{d}x + \int_0^1 f(x)\mathrm{d}x = \int_{-1}^0 \sqrt[3]{x}\,\mathrm{d}x + \int_0^1 \sqrt{x}\,\mathrm{d}x$

$= \frac{3}{4}x^{\frac{4}{3}}\Big|_{-1}^0 + \frac{2}{3}x^{\frac{3}{2}}\Big|_0^1 = -\frac{1}{12}.$

注:(1) 定积分的答案不要加常数 C;

(2) 如果定积分的上下限是常数,则答案一定是常数;

(3) 要理解绝对值函数和分段函数定积分的求法;

(4) 要熟练对被积函数使用化简或三角化简的方法;

(5) 充分利用化乘除为加减和化假分式为真分式的方法.

练习题 3.6

1. 估计定积分的值.

(1) $\int_{\frac{\pi}{2}}^{\pi} \frac{\sin x}{x}\mathrm{d}x$; (2) $\int_0^2 xe^x\mathrm{d}x$; (3) $\int_{-1}^1 e^{x^2}\mathrm{d}x$; (4) $\int_0^2 \frac{x}{1+x^2}\mathrm{d}x.$

2. 比较下列积分值的大小:

(1) $\int_0^{\frac{\pi}{2}} (\frac{\pi}{2} - x)\mathrm{d}x$ 与 $\int_0^{\frac{\pi}{2}} \cos x \mathrm{d}x$; (2) $\int_0^1 e^x \mathrm{d}x$ 与 $\int_0^1 (1+x)\mathrm{d}x$;

(3) $\int_0^1 \arctan x \mathrm{d}x$ 与 $\int_0^1 x \mathrm{d}x$; (4) $\int_1^e \ln x \mathrm{d}x$ 与 $\int_1^e \ln^2 x \mathrm{d}x$.

3. 计算定积分 $\int_0^{\frac{\pi}{2}} |\sin x - \cos x| \mathrm{d}x$.

4. 设 $f(x) = \begin{cases} x+1 & x \leqslant 1 \\ x^2 - x - 1 & x > 1 \end{cases}$,求 $\int_0^2 f(x)\mathrm{d}x$.

5. 计算下列定积分:

(1) $\int_1^2 \left(x - \frac{1}{x}\right)^2 \mathrm{d}x$; (2) $\int_0^{\frac{\pi}{2}} \sin x \mathrm{d}x$; (3) $\int_0^1 \frac{x^4}{1+x^2} \mathrm{d}x$;

(4) $\int_{\frac{\pi}{6}}^{\frac{\pi}{3}} \frac{1}{\sin^2 x \cos^2 x} \mathrm{d}x$; (5) $\int_0^\pi \sqrt{2 + 2\cos 2x}\, \mathrm{d}x$; (6) $\int_0^2 x|x-1|\mathrm{d}x$.

3.7　定积分的积分法

在学习了不定积分求解方法的基础上,我们可以很容易地应用牛顿 — 莱布尼兹公式求解定积分;同时求解不定积分时所使用的换元法和分部积分法在求解定积分时仍然适用,但应清楚它们之间的差异.

3.7.1　"凑微分"法(第一类换元法)

例 1　$\int_{-1}^0 (2x+3)^{10} \mathrm{d}x$.

解　原式 $= \frac{1}{2}\int_{-1}^0 (2x+3)^{10} \mathrm{d}(2x+3) = \frac{1}{22}(2x+3)^{11} \Big|_{-1}^0 = \frac{1}{22}(3^{11}-1)$.

例 2　$\int_0^{\frac{\pi}{2}} \cos^3 x \sin x \mathrm{d}x$.

解　原式 $= -\int_0^{\frac{\pi}{2}} \cos^3 x \mathrm{d}(\cos x) = -\frac{1}{4}\cos^4 x \Big|_0^{\frac{\pi}{2}} = \frac{1}{4}$.

例 3　$\int_{\frac{\pi^2}{36}}^{\frac{\pi^2}{4}} \frac{\sin\sqrt{x}}{\sqrt{x}} \mathrm{d}x$.

解　原式 $= 2\int_{\frac{\pi^2}{36}}^{\frac{\pi^2}{4}} \sin\sqrt{x}\, \mathrm{d}(\sqrt{x}) = -2\cos\sqrt{x} \Big|_{\frac{\pi^2}{36}}^{\frac{\pi^2}{4}} = \sqrt{3}$.

例 4　$\int_1^e \frac{2\ln x - 1}{x} \mathrm{d}x$.

解 原式 $= \int_1^e (2\ln x - 1)\mathrm{d}(\ln x) = (\ln^2 x - \ln x) \big|_1^e = 0.$

注:定积分的"凑微分"法不必回代,不加 C,不要改变上下限.

*3.7.2 第二类换元法

在不定积分的基础上,可以利用换元法求解定积分.但应注意,作变量代换时,上下限也要跟着变换.

例 5 $\int_{-1}^3 \dfrac{1}{1 + \sqrt{x+1}}\mathrm{d}x.$

解 令 $\sqrt{x+1} = t$,则 $\mathrm{d}x = 2t\mathrm{d}t.$

原式 $= \int_0^2 \dfrac{2t}{1+t}\mathrm{d}t = [2t - 2\ln(1+t)]\big|_0^2 = 4 - 2\ln 3.$

例 6 $\int_1^{\sqrt{3}} \dfrac{1}{x^2\sqrt{1+x^2}}\mathrm{d}x.$

解 令 $x = \tan t$,则 $\mathrm{d}x = \sec^2 t\mathrm{d}t.$

原式 $= \int_{\frac{\pi}{4}}^{\frac{\pi}{3}} \dfrac{1}{\tan^2 t \sec t}\sec^2 t\mathrm{d}t = \int_{\frac{\pi}{4}}^{\frac{\pi}{3}} \dfrac{\cos t}{\sin^2 t}\mathrm{d}t = \int_{\frac{\pi}{4}}^{\frac{\pi}{3}} \dfrac{1}{\sin^2 t}\mathrm{d}\sin t$

$= -\dfrac{1}{\sin t}\Big|_{\frac{\pi}{4}}^{\frac{\pi}{3}} = \sqrt{2} - \dfrac{2\sqrt{3}}{3}.$

例 7 设 $f(x)$ 在 $[-a,a]$ 上连续,证明:

$$\int_{-a}^a f(x)\mathrm{d}x = \begin{cases} 0 & \text{当 } f(x) \text{ 为奇函数时} \\ 2\int_0^a f(x)\mathrm{d}x & \text{当 } f(x) \text{ 为偶函数时} \end{cases}.$$

证明 由性质 3,$\int_{-a}^a f(x)\mathrm{d}x = \int_{-a}^0 f(x)\mathrm{d}x + \int_0^a f(x)\mathrm{d}x.$ 令 $x = -t$,则

$$\int_{-a}^0 f(x)\mathrm{d}x = -\int_a^0 f(-t)\mathrm{d}t = \int_0^a f(-t)\mathrm{d}t.$$

所以,$\int_{-a}^a f(x)\mathrm{d}x = \int_0^a f(-t)\mathrm{d}t + \int_0^a f(x)\mathrm{d}x = \int_0^a f(-x)\mathrm{d}x + \int_0^a f(x)\mathrm{d}x.$

当 $f(x)$ 在 $[-a,a]$ 上连续且为奇函数时,$f(-x) = -f(x)$,所以 $\int_{-a}^a f(x)\mathrm{d}x = 0;$

当 $f(x)$ 在 $[-a,a]$ 上连续且为偶函数时,$f(-x) = f(x)$,所以

$$\int_{-a}^{a} f(x)\mathrm{d}x = 2\int_{0}^{a} f(x)\mathrm{d}x.$$

例 8 $\displaystyle\int_{-1}^{1} \frac{x^{2}\sin x}{1+x^{2}}\mathrm{d}x.$

解 由于被积函数 $\dfrac{x^{2}\sin x}{1+x^{2}}$ 在 $[-1,1]$ 上为奇函数，于是有 $\displaystyle\int_{-1}^{1} \frac{x^{2}\sin x}{1+x^{2}}\mathrm{d}x$

$=0.$

例 9 $\displaystyle\int_{-1}^{1} x^{2}(1+\arcsin x)\mathrm{d}x.$

解 由于被积函数 $x^{2}\arcsin x$ 在 $[-1,1]$ 上为奇函数，有 $\displaystyle\int_{-1}^{1} x^{2}\arcsin x\mathrm{d}x = 0.$ 于是，

$$原式 = 2\int_{0}^{1} x^{2}\mathrm{d}x = \frac{2}{3}x^{3}\mid_{0}^{1} = \frac{2}{3}.$$

注:(1) 例 7 的结果可以作为公式来使用.

(2) 要清楚定积分与不定积分的区别,找出它们各自在解法上的特点.

定积分:

① 求出一个原函数 $F(x)$ 不加 C;

② 作了变量代换要变上、下限,不要回代;

③ 当上、下限是常数时,答案一定是常数.

3.7.3　分部积分法

公式 $\displaystyle\int_{a}^{b} u\mathrm{d}v = uv\mid_{a}^{b} - \int_{a}^{b} v\mathrm{d}u.$

例 10 $\displaystyle\int_{0}^{1}\arccos x\mathrm{d}x.$

解 $原式 = x\arccos x\mid_{0}^{1} - \displaystyle\int_{0}^{1}\frac{-x}{\sqrt{1-x^{2}}}\mathrm{d}x = -\frac{1}{2}\int_{0}^{1}\frac{1}{\sqrt{1-x^{2}}}\mathrm{d}(1-x^{2})$

$$= -\sqrt{1-x^{2}}\mid_{0}^{1} = 1.$$

例 11 $\displaystyle\int_{0}^{\frac{\pi}{4}} x\sec^{2}x\mathrm{d}x.$

解 $原式 = \displaystyle\int_{0}^{\frac{\pi}{4}} x\mathrm{d}(\tan x) = x\tan x\Big|_{0}^{\frac{\pi}{4}} - \int_{0}^{\frac{\pi}{4}}\tan x\mathrm{d}x = \frac{\pi}{4} + \ln\cos x\Big|_{0}^{\frac{\pi}{4}}$

$$= \frac{\pi}{4} - \frac{1}{2}\ln 2.$$

例 12 $\int_0^{\frac{\pi^2}{4}} \sin\sqrt{x}\,\mathrm{d}x$.

解 令 $\sqrt{x} = t$，则 $\mathrm{d}x = 2t\mathrm{d}t$，则

$$原式 = 2\int_0^{\frac{\pi}{2}} t\sin t\mathrm{d}t = -2\int_0^{\frac{\pi}{2}} t\mathrm{d}(\cos t) = -2t\cos t\Big|_0^{\frac{\pi}{2}} + 2\int_0^{\frac{\pi}{2}}\cos t\mathrm{d}t$$

$$= 2\sin t\Big|_0^{\frac{\pi}{2}} = 2.$$

练习题 3.7

求下列定积分：

1. $\int_0^1 \mathrm{e}^{-x}\mathrm{d}x$;

2. $\int_0^\pi \cos^2 x\mathrm{d}x$;

3. $\int_0^{\frac{\pi}{2}} \cos^3 x\mathrm{d}x$;

4. $\int_0^{\frac{\pi}{2}} \sin^3 x\cos x\mathrm{d}x$;

5. $\int_1^4 \dfrac{\mathrm{e}^{-\sqrt{x}}}{\sqrt{x}}\mathrm{d}x$;

6. $\int_0^{\sqrt[3]{\mathrm{e}-1}} \dfrac{x^2}{1+x^3}\mathrm{d}x$;

7. $\int_0^1 \dfrac{1}{1+\sqrt[3]{x}}\mathrm{d}x$;

8. $\int_1^2 \dfrac{\sqrt{x-1}}{x}\mathrm{d}x$;

9. $\int_1^{\sqrt{2}} \dfrac{\sqrt{x^2-1}}{x}\mathrm{d}x$;

10. $\int_0^1 \dfrac{1}{\sqrt{4-x^2}}\mathrm{d}x$;

11. $\int_{-1}^1 \dfrac{x\sin x}{x^3+x}\mathrm{d}x$;

12. $\int_{-\pi}^\pi x^6\sin x\mathrm{d}x$;

13. $\int_{\frac{1}{\mathrm{e}}}^{\mathrm{e}} |\ln x|\,\mathrm{d}x$;

14. $\int_0^1 x\mathrm{e}^{-x}\mathrm{d}x$;

15. $\int_1^{\mathrm{e}} x^2\ln x\mathrm{d}x$;

16. $\int_0^1 \dfrac{1}{1+\mathrm{e}^{-x}}\mathrm{d}x$;

17. $\int_0^{\frac{\pi}{4}} x\tan^2 x\mathrm{d}x$;

18. $\int_1^{\mathrm{e}} \sin(\ln x)\mathrm{d}x$.

3.8 无穷积分

本节主要解决积分区间为无限的情形.

若 $f(x)$ 在区间 $[a,+\infty)$ 上连续，极限 $\lim\limits_{b\to+\infty}\int_a^b f(x)\mathrm{d}x$ 叫作 $f(x)$ 在区间 $[a,+\infty)$ 上的无穷积分，记为 $\int_a^{+\infty} f(x)\mathrm{d}x$，即 $\int_a^{+\infty} f(x)\mathrm{d}x = \lim\limits_{b\to+\infty}\int_a^b f(x)\mathrm{d}x$. 若 $\lim\limits_{b\to+\infty}\int_a^b f(x)\mathrm{d}x$ 存在，则称无穷积分收敛，否则称无穷积分发散. 类似地可定义

$$\int_{-\infty}^{b} f(x)\mathrm{d}x = \lim_{a \to -\infty}\int_{a}^{b} f(x)\mathrm{d}x \text{ 和 }\int_{-\infty}^{+\infty} f(x)\mathrm{d}x = \int_{-\infty}^{c} f(x)\mathrm{d}x + \int_{c}^{+\infty} f(x)\mathrm{d}x.$$

例 1　计算 $\int_{0}^{+\infty} \dfrac{\mathrm{d}x}{3 + x^2}$.

解 1　原式 $= \lim\limits_{b \to +\infty}\int_{0}^{b} \dfrac{\mathrm{d}x}{3 + x^2} = \lim\limits_{b \to +\infty} \dfrac{1}{\sqrt{3}}\arctan \dfrac{x}{\sqrt{3}}\Big|_{0}^{b} = \dfrac{\pi}{2\sqrt{3}}$.

解 2　原式 $= \dfrac{1}{\sqrt{3}}\arctan\dfrac{x}{\sqrt{3}}\Big|_{0}^{+\infty} = \dfrac{\pi}{2\sqrt{3}}$.

例 2　计算 $\int_{-\infty}^{0} x\mathrm{e}^{-x^2}\mathrm{d}x$.

解　原式 $\int_{-\infty}^{0} x\mathrm{e}^{-x^2}\mathrm{d}x = -\dfrac{1}{2}\int_{-\infty}^{0} \mathrm{e}^{-x^2}\mathrm{d}(-x^2) = -\dfrac{1}{2}\mathrm{e}^{-x^2}\Big|_{-\infty}^{0} = -\dfrac{1}{2}$.

例 3　计算 $\int_{1}^{+\infty} \dfrac{\ln x}{x}\mathrm{d}x$.

解　原式 $= \int_{1}^{+\infty} \ln x\,\mathrm{d}(\ln x) = \dfrac{1}{2}\ln^2 x\Big|_{1}^{+\infty} = +\infty$.

例 4　计算 $\int_{-\infty}^{+\infty} \dfrac{1}{1 + x^2}\mathrm{d}x$.

解　原式 $= \arctan x\Big|_{-\infty}^{+\infty} = \dfrac{\pi}{2} - (-\dfrac{\pi}{2}) = \pi$.

注:(1) 可以采用例题 1 解法 2 的计算方法.

(2) $\int_{-\infty}^{+\infty} \dfrac{\mathrm{d}x}{1 + x^2} = 2\int_{0}^{+\infty} \dfrac{\mathrm{d}x}{1 + x^2} = \pi$,答案对,但算法在概念上错误(与在

对称区间上定积分的性质不同). 否则,$\int_{-\infty}^{+\infty} \arctan x\,\mathrm{d}x = 0$,$\int_{-\infty}^{+\infty} \dfrac{x\,\mathrm{d}x}{\sqrt{1 + x^2}} = 0$.这是错误的,因为它们的积分值都不存在.

练习题 3.8

计算广义积分的值:

1. $\int_{0}^{+\infty} \mathrm{e}^{-ax}\mathrm{d}x \ (a > 0)$;　　2. $\int_{0}^{+\infty} \cos x\,\mathrm{d}x$;　　3. $\int_{1}^{+\infty} \dfrac{1}{x^3}\mathrm{d}x$;

4. $\int_{-\infty}^{+\infty} \dfrac{\mathrm{d}x}{x^2 + 2x + 2}$;　　5. $\int_{0}^{1} \dfrac{1}{\sqrt{1 - x}}\mathrm{d}x$;　　6. $\int_{0}^{1} x\ln x\,\mathrm{d}x$;

7. $\int_{0}^{1} \dfrac{\arcsin x}{\sqrt{1 - x^2}}\mathrm{d}x$;　　8. $\int_{2}^{+\infty} \dfrac{x}{(1 - x^2)^2}\mathrm{d}x$.

3.9　定积分在几何中的应用

应用定积分来解决几何、物理、技术等方面的问题是一个常用的方法，本书只介绍定积分在几何方面的应用.

3.9.1　平面图形面积

由定积分的几何意义，$S = \int_a^b f(x)\mathrm{d}x$ 表示由曲线 $y = f(x)$，$y = 0$，$x = a$，$x = b$ 所围成的平面图形面积. 因此，可以得到如下的结论：

若 $f(x) \geqslant g(x)$ 时，则由曲线 $y = f(x)$，$y = g(x)$，$x = a$，$x = b$ 所围成的曲边梯形的面积是（如图 3.9.1 所示）

$$S = \int_a^b [f(x) - g(x)]\mathrm{d}x. （上 - 下）$$

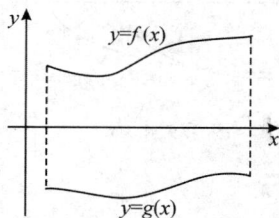

图 3.9.1

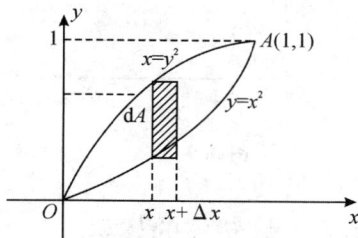

图 3.9.2

同理，若 $\varphi(y) \geqslant \psi(y)$ 时，则由曲线 $x = \varphi(y)$，$x = \psi(y)$，$y = c$，$y = d$ 所围成的曲边梯形的面积是 $S = \int_c^d [\varphi(y) - \psi(y)]\mathrm{d}y. （右 - 左）$

求解面积的步骤：

（1）画出简图；（2）求出曲线的交点，确定积分区间；（3）用定积分表示面积并求出解.

例 1　求两条抛物线 $y^2 = x$，$y = x^2$ 所围成的平面图形的面积.

解　如图 3.9.2 所示，解方程组 $\begin{cases} y^2 = x \\ y = x^2 \end{cases}$，得交点 $(0,0)$ 及 $(1,1)$；

$$S = \int_0^1 (\sqrt{x} - x^2)\mathrm{d}x = -\left(\frac{2}{3}x^{\frac{3}{2}} - \frac{1}{3}x^3\right)\Big|_0^1 = \frac{1}{3}.$$

例 2 求由曲线 $y = e^x, y = e$ 和 $x = 0$ 所围成平面图形的面积.

解 如图 3.9.3,由 $\begin{cases} y = e^x \\ y = e \end{cases}$,得 $\begin{cases} x = 1 \\ y = e \end{cases}$,得 $S = \int_0^1 (e - e^x) dx = (ex - e^x) \mid_0^1 = 1$.

例 3 求由曲线 $y^2 = 1 - x$ 和 $y^2 = 1 - \dfrac{x}{2}$ 所围成平面图形的面积.

解 如图 3.9.4,由 $\begin{cases} y^2 = 1 - x \\ y^2 = 1 - \dfrac{x}{2} \end{cases}$,得 $\begin{cases} x = 0 \\ y = \pm 1 \end{cases}$;

$$S = \int_{-1}^1 [(2 - 2y^2) - (1 - y^2)] dy = \int_{-1}^1 (1 - y^2) dy$$

$$= (y - \frac{1}{3} y^3) \mid_{-1}^1 = \frac{4}{3}.$$

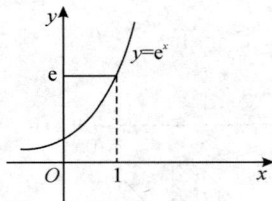

图 3.9.3

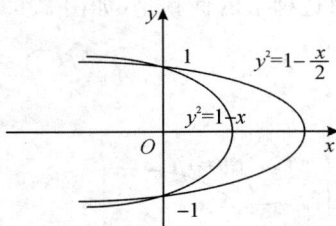

图 3.9.4

*3.9.2 旋转体的体积

由曲线 $y = f(x), y = 0, x = a, x = b$ 所围成的平面图形绕 x 轴旋转一周,所得旋转体的体积公式是(如图 3.9.5 所示):

$$V = \pi \int_a^b [f(x)]^2 dx.$$

同理,由曲线 $x = g(y), x = 0, y = c, y = d$ 所围成的平面图形绕 y 轴旋转一周,所得旋转体的体积公式是

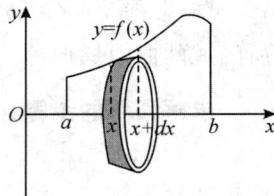

图 3.9.5

$$V = \pi \int_c^d [g(y)]^2 dy.$$

例 4 求由抛物线 $y = x^2$,直线 $y = 0$ 和 $x = 1$ 围成的平面图形绕 x 轴及 y 轴旋转一周所得旋转体的体积.

解

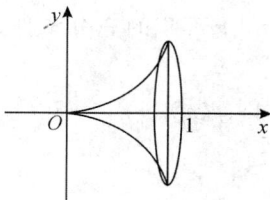

图 3.9.6

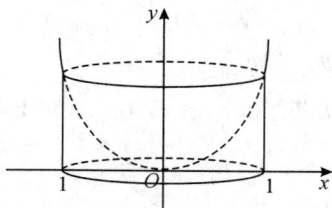

图 3.9.7

如图 3.9.6 所示，$V_x = \pi \int_0^1 (x^2)^2 \mathrm{d}x = \dfrac{1}{5} x^5 \Big|_0^1 = \dfrac{1}{5}$；

如图 3.9.7 所示，$V_y = \pi \int_0^1 \big[1 - (\sqrt{y})^2\big]\mathrm{d}y = \pi\left(y - \dfrac{1}{2}y^2\right)\Big|_0^1 = \dfrac{\pi}{2}$.

练习题 3.9

1. 求曲线 $y = x^2, y = (x-2)^2$ 与 x 轴围成的平面图形的面积.

2. 求曲线 $y = \sin x, y = \cos x, x = 0, x = \dfrac{\pi}{2}$ 所围图形的面积.

3. 求由直线 $y = -x + 2$ 和抛物线 $y = x^2$ 所围图形的面积.

4. 求曲线 $y = x^2, y = x, y = 2x$ 所围图形的面积.

5. 求曲线 $y = \dfrac{1}{x}, y = x, x = 2$ 所围图形的面积.

6. 求曲线 $y = x^2 - 2x$ 与 $y = 4 - x^2$ 所围图形的面积.

7. 求曲线 $y = \mathrm{e}^x, y = 1, y = \mathrm{e}^2, x = 1$ 所围图形的面积.

8. 求由曲线 $y = \sqrt{x}$ 在区间 $[1,4]$ 上的曲边梯形绕 x 轴旋转而成的旋转体的体积.

9. 求由抛物线 $y = \cos x, x = 0, x = \pi$ 与 $y = 0$ 围成的平面图形绕 x 轴旋转一周所得旋转体的体积.

10. 求由抛物线 $y = x^2 - 4$ 与 $y = 0$ 围成的平面图形绕 y 轴旋转一周所得旋转体的体积.

复习题(三)

1. 判断正误：

(1) 一切初等函数在其定义区间上都有原函数.

(2) 若 $\displaystyle\int_a^b f(x)\mathrm{d}x = 0$，则在 $[a,b]$ 上 $f(x) \equiv 0$.

(3) $f(x)$ 在 $[a,b]$ 上连续是 $f(x)$ 在 $[a,b]$ 上可积的充分条件，但不是必要条件.

(4) 若 $f(x)$，$g(x)$ 在 $[a,b]$ 上都不可积，则 $f(x) + g(x)$ 在 $[a,b]$ 上必不可积.

(5) 若 $[c,d] \subset [a,b]$，则有 $\displaystyle\int_c^d f(x)\mathrm{d}x \leqslant \int_a^b f(x)\mathrm{d}x$.

2. 填空：

(1) $\dfrac{\mathrm{d}x}{x} = $ _____ $\mathrm{d}(2 - 3\ln|x|)$.

(2) 设 $f(x)$ 的一个原函数为 $\cos x$，则 $\displaystyle\int f'(x)\mathrm{d}x = $ _____ .

(3) 若 $\displaystyle\int xf(x)\mathrm{d}x = \arcsin x + C$，则 $\displaystyle\int \dfrac{\mathrm{d}x}{f(x)} = $ _____ .

(4) 设 $f(x)$ 的一个原函数为 $\sin x$，则 $f'(x) = $ _____ .

(5) 若 $\displaystyle\int xf(x)\mathrm{d}x = x^2 e^x + C$，则 $f(x) = $ _____ .

(6) 设 $\ln x$ 是 $f(x)$ 的一个原函数，则 $\displaystyle\int xf(x)\mathrm{d}x = $ _____ .

(7) 已知 $b > 0$，且 $\displaystyle\int_1^b \ln x\,\mathrm{d}x = 1$，则 $b = $ _____ .

(8) 设 $f(x)$ 有连续导数，$f(a) = 2$，$f(b) = 5$，则 $\displaystyle\int_a^b f'(x)\mathrm{d}x = $ _____ .

(9) $\displaystyle\int_{-\frac{1}{2}}^0 (2x + 1)^9\,\mathrm{d}x = $ _____ .

3. 选择题：

(1) 设 $f(x)$ 在 $[a,b]$ 上连续，则 $f(x)$ 必有（   ）.

(A) 导函数　　　　　　　　　　（B) 不定积分

(C) 极值　　　　　　　　　　　（D) 最大值与最小值

(2) 设连续函数 $f(x)$ 在区间 I 上不恒为零，$F_1(x)$、$F_2(x)$ 是 $f(x)$ 的两个不同的原函数，则在 I 上有（   ）.

(A)$F_1(x) = CF_2(x)$　　　　　　　（B)$F_1(x) - F_2(x) = C$

(C)$F_1(x) + F_2(x) = C$　　　　　　（D) $\dfrac{F_1(x)}{F_2(x)} = C$

(3) 连续曲线 $y = f(x)$ 在区间 $[a,b]$ 上与 x 轴围成三块面积 S_1、S_2、S_3，其中 S_1、S_3 在 x 轴下方，S_2 在 x 轴上方，已知 $S_1 = 2S_2 - q$，$S_2 + S_3 = p$，$p \neq q$，则 $\int_a^b f(x)\mathrm{d}x = ($　　$)$.

(A) $q - p$　　　　(B) $p - q$　　　　(C) $p + q$　　　　(D) $-p - q$

(4) 设 $f(x)$ 的一个原函数是 e^{-2x}，则 $f(x) = ($　　$)$.

(A) e^{-2x}　　　　(B) $-2\mathrm{e}^{-2x}$　　　　(C) $-4\mathrm{e}^{-2x}$　　　　(D) $4\mathrm{e}^{-2x}$

(5) 设 $f(x)$ 的可导函数，则 $\left(\int f(x)\mathrm{d}x\right)' = ($　　$)$.

(A) $f(x)$　　　　(B) $f(x) + C$　　　　(C) $f'(x)$　　　　(D) $f'(x) + C$

(6) 设 $f(x)$ 在 $[a,b]$ 上连续，则 $\int_a^b f(x)\mathrm{d}x - \int_a^b f(t)\mathrm{d}t$ 为($　　$).

(A) 小于零　　　　(B) 等于零　　　　(C) 大于零　　　　(D) 不确定

(7) 设 $f(x)$ 在 $[a,b]$ 上连续，令 $t = 2x$，则 $\int_0^1 f(2x)\mathrm{d}x = ($　　$)$.

(A) $\int_0^2 f(t)\mathrm{d}t$　　(B) $2\int_0^2 f(t)\mathrm{d}t$　　(C) $\dfrac{1}{2}\int_0^2 f(t)\mathrm{d}t$　　(D) $\dfrac{1}{2}\int_0^1 f(t)\mathrm{d}t$

(8) 设 $\int \mathrm{e}^{-\frac{1}{x}} f(x)\mathrm{d}x = -\mathrm{e}^{-\frac{1}{x}} + C$，则 $f(x) = ($　　$)$.

(A) $-\dfrac{1}{x}$　　　　(B) $-\dfrac{1}{x^2}$　　　　(C) $\dfrac{1}{x}$　　　　(D) $\dfrac{1}{x^2}$

(9) $\dfrac{\mathrm{d}}{\mathrm{d}x}\int_a^b \arctan x\,\mathrm{d}x = ($　　$)$.

(A) $\arctan x$　　　　　　　　　　(B) 0

(C) $\arctan b - \arctan a$　　　　(D) $\dfrac{1}{1+x^2}$

4. 求下列不定积分：

(1) $\displaystyle\int 3^{2x-3}\mathrm{d}x$；　　　　(2) $\displaystyle\int \dfrac{(x-1)^3}{x\sqrt{x}}\mathrm{d}x$；　　　　(3) $\displaystyle\int \dfrac{3x^2+2}{x^2(x^2+1)}\mathrm{d}x$；

(4) $\displaystyle\int \dfrac{x^2-x+1}{(x^2+1)^2}\mathrm{d}x$；　(5) $\displaystyle\int \dfrac{\cos 2x}{\cos x - \sin x}\mathrm{d}x$；　　(6) $\displaystyle\int \dfrac{\mathrm{e}^{2x}-1}{\mathrm{e}^x-1}\mathrm{d}x$；

(7) $\displaystyle\int \csc x(\csc x + \cot x)\mathrm{d}x$；　　　(8) $\displaystyle\int \sin x\left(2\csc x - \cot x + \dfrac{1}{\sin^3 x}\right)\mathrm{d}x$.

5. 已知一条曲线在任一点的切线斜率等于该点横坐标的倒数，求过点 $(\mathrm{e}, 2)$ 的曲线方程.

6. 已知一物体由静止开始作直线运动,其速度 $v(t) = 3t^2$ m/s,

(1) 求物体的运动规律;

(2) 3 s 末物体离开出发点的距离是多少?

(3) 物体走完 1000 m 需要多长时间?

7. 求下列不定积分:

(1) $\int \dfrac{x}{\sqrt{1+x^2}}\mathrm{d}x$;

(2) $\int \dfrac{1}{x\sqrt{1-2\ln x}}\mathrm{d}x$;

(3) $\int \dfrac{\mathrm{e}^{-3\sqrt{x}}}{\sqrt{x}}\mathrm{d}x$;

(4) $\int \mathrm{e}^{3x+2}\mathrm{d}x$;

(5) $\int x^2 \sin(1-x^3)\mathrm{d}x$;

(6) $\int \dfrac{1}{x(9+\ln^2 x)}\mathrm{d}x$;

(7) $\int \dfrac{\tan^3 x}{\cos^2 x}\mathrm{d}x$;

(8) $\int \sqrt[3]{(3x+2)^2}\,\mathrm{d}x$;

(9) $\int \dfrac{\sqrt[3]{(\arctan x)^2}}{1+x^2}\mathrm{d}x$;

(10) $\int \dfrac{x+\cos x}{x^2+2\sin x}\mathrm{d}x$;

(11) $\int \dfrac{2x+5}{x^2+5x-5}\mathrm{d}x$.

8. 求下列不定积分:

(1) $\int \dfrac{x+1}{\sqrt[3]{2x+1}}\mathrm{d}x$;

(2) $\int \dfrac{\sqrt{x+2}}{1+\sqrt{x+2}}\mathrm{d}x$;

(3) $\int \dfrac{\sqrt[3]{x}}{x(\sqrt{x}+\sqrt[3]{x})}\mathrm{d}x$;

(4) $\int \dfrac{x^2}{\sqrt{1-x^2}}\mathrm{d}x$;

(5) $\int \dfrac{\sqrt{x^2-9}}{x}\mathrm{d}x$;

(6) $\int \dfrac{1}{\sqrt{\mathrm{e}^x+1}}\mathrm{d}x$.

9. 求下列不定积分:

(1) $\int x\mathrm{e}^{3x}\mathrm{d}x$;

(2) $\int (2x-1)\cos x\mathrm{d}x$;

(3) $\int x\ln(1+x^4)\mathrm{d}x$;

(4) $\int \sqrt{x}\ln x\mathrm{d}x$;

(5) $\int x\arctan\sqrt{x}\,\mathrm{d}x$;

(6) $\int \dfrac{\ln(\ln x)}{x}\mathrm{d}x$;

(7) $\int \cos\ln x\,\mathrm{d}x$.

10. 求下列定积分的值:

74

(1) $\int_0^\pi \sqrt{1+\sin2x}\,dx$;

(2) $\int_0^3 \sqrt{x^2-4x+4}\,dx$;

(3) $\int_0^4 \dfrac{x+2}{\sqrt{2x+1}}\,dx$;

(4) $\int_{\frac{\pi^2}{4}}^{\pi^2} \dfrac{\sin\sqrt{x}}{\sqrt{x}}\,dx$;

(5) $\int_0^1 \dfrac{1}{e^x+e^{-x}}\,dx$;

(6) $\int_{-1}^1 \dfrac{x^3}{x+3}\,dx$;

(7) $\int_0^{\frac{\pi}{4}} \tan x \cdot \ln\cos x\,dx$;

(8) $\int_0^8 \dfrac{1}{1+\sqrt[3]{x}}\,dx$;

(9) $\int_0^2 x^3\sqrt{4-x^2}\,dx$;

(10) $\int_0^{e-1} \ln(x+1)\,dx$;

(11) $\int_0^1 x\cdot\arcsin x\,dx$;

(12) $\int_1^{+\infty} \dfrac{dx}{x(x+1)}$.

11. 设某函数当 $x=1$ 时有极小值，当 $x=-1$ 时有极大值 4，又知道这个函数的导数具有形式 $y'=3x^2+bx+c$，求此函数.

12. 设函数图像上有一拐点 $P(2,4)$，在拐点处切线的斜率为 -3，又知函数的二阶导数具有形式 $y''=6x+c$，求此函数.

13. 已知一物体以速度 $v(t)=3t^2+4t+2(\text{m/s})$ 作直线运动，当 $t=2$ s，物体经过的路程 $s=16$ m，求物体的运动规律.

第四章　球面几何和球面三角

　　球面几何与平面几何相比较,不难看出有如下特点:(1) 相对于其球半径而言,很小的一片球面可以看成是一个平面.(2) 球面几何上的一个大圆在平面几何上相当于一条直线.(3) 球面几何上的一个大圆与平面几何上的一条直线都有反射对称这个性质.

　　球面三角学是数学的一个分科,主要研究球面上由三个大圆弧相交所构成的球面三角形的特性、关系式及其解法等问题.

　　在航海上,当球面三角形的三条边与其所在球的半径相比相当小时,则在容许的误差范围之内,可视作平面三角形来解.球面三角是船舶驾驶专业两门主要专业课(航海学、航海天文学)的主要数学基础之一. 在学习球面三角之前,先要学习球面几何的基本知识.

4.1　球面几何

4.1.1　球、球面

　　空间中与定点 O 等距离 r 的所有点的轨迹,称为以 O 为球心,r 为半径的球面,包围在球面中的实体称为球.连接球面上两点且通过球心的线段称为球直径.半径相等的球称为等球.

　　地球的局部地貌虽然丘陵起伏,山川纵横,但是其全局的形状却十分接近于一个球面.在航海实际应用上可以把球作为它的第一近似体.航海学和天文航海学的主要问题是定位,即在地球上确定船舶的地理位置,这是航海专业学生必须掌握的最基本的知识.因此,必须研究球和球面上的基本点、线、圆以及球面三角形的性质等.

4.1.2　大圆

显然,任一平面与球面相截的截痕是圆(图 4.1.1).一个过球心的截面,在球面上所截得的圆称为大圆.在平面几何上相当于一条直线.大圆上一段圆周称为大圆弧.反之,一个不过球心的截面,在球面上所截得的圆称为小圆,小圆上一段圆周称为小圆弧.任何两个大圆都交于对顶的两点(图 4.1.2),所以大圆分球和球面为相等的两个部分;且过对顶的两点能作无数个大圆,而不能作小圆;但如果不过对顶的两点只能作一个大圆,却能作无数个小圆;两个大圆平面的交线是球的直径也是这两个大圆的直径,并且把两个大圆互相平分.

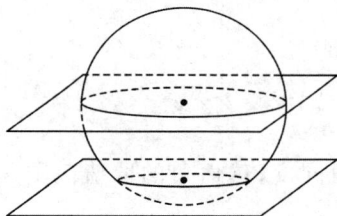

图 4.1.1

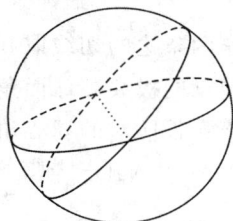

图 4.1.2

4.1.3　球面距离

球面上一个大圆的长是 $360°$,球面上两点 A、B 间小于 $180°$ 的大圆弧(也称劣弧)长称为球面距离,它是点 A、B 间的最短球面距离,在航海上称为大圆航线.地球半径大约为 6370 km.海上距离的单位是海里,即把地球子午线上 $1'$ 的弧长称为 1 n mile.其换算公式是 1 n mile = 1852 m.

4.1.4　轴、极、极距、极线

垂直于任一圆的球直径称为该圆的轴,轴与球面的两个交点称为极,显然,球上任一个圆都有两个极.从大圆弧或小圆弧上的一点到极的球面距离称为极距.因为同圆上任意一点的极距都相等,所以也可以称极为该圆的球面中心,称极距为该圆的球面半径.

注:球面中心不是圆心;球面半径不是球半径.

极距等于 $90°$ 的大圆弧称为极线或称为赤道.因为任一大圆与其极的

极距为 90°,所以大圆弧是它的极的极线;反之,极线必定是大圆弧.如果球面上某一点到其他两点(不是直径的两个端点)的球面距离均为 90°,则前一点必是通过后两点的大圆的极.对一个圆而言,轴、极必定是成对出现的,而极和极线也是成对出现的.两个大圆的极之间的大圆弧所对的球心角等于此两大圆平面的二面角.

4.1.5　球面角及其度量

球面上两个大圆弧所构成的角称为球面角.两大圆弧的交点称为球面角的顶点,大圆弧称为球面角的边.

球面角的大小由这两个大圆弧平面所构成的二面角来确定.球面角的度量方法:

1. 作两条边的切线取其夹角(平面角);
2. 顶点的极线被球面角两边所截的弧长;
3. 该弧长所对的球心角.

注:极线上的弧长与其所对的球面角同度;球面角的取值范围是 0°~360°.

4.1.6　小圆弧长与大圆弧长之比

圆心角相等的小圆弧长与大圆弧长之比等于小圆极距的正弦或小圆纬度的余弦.即 $\sin \overset{\frown}{Pa} = \dfrac{\overset{\frown}{ab}}{\overset{\frown}{AB}} = \cos \overset{\frown}{Aa}$,如图 4.1.3 所示.

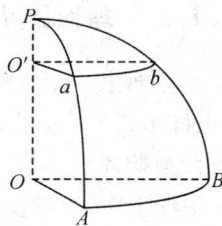

图 4.1.3

4.1.7　地球上的基本知识

地球的第一近似体为圆球体,其半径约为 6370 km.地球的自转轴称为地轴,地球绕地轴自西向东转.我们可由右手法则确定南北极.南北极的极线称为赤道.赤道将地球分为南北两个相等的半球.

地球南北极与某地 A 所连成的大圆称为 A 地的子午圈,通过英国格林尼治天文台的子午圈称为格林子午圈;连接地球南北极和某地 A 之间的半个大圆称为 A 地的午圈(子午线或经线).在赤道上由格林午圈至 A 地午圈之间的弧长称为 A 地的经度.经度相同的点的轨迹是午圈.位于东半球的称为东经,反之称为西经.东西经的取值范围均是 $0° \sim 180°$.

在 A 地午圈上由赤道到该地的弧长称为 A 地的纬度.纬度相同的点的轨迹是平行于赤道的小圆,该小圆称为纬度圈或等纬圈.纬度越高,等纬圈的长度越短.若 A 地位于南半球,称之为南纬,反之称为北纬.南北纬的取值范围均是 $0° \sim 90°$.

在航海上,A 地的坐标通常用 $A(\varphi, \lambda)$ 表示,其中 φ 是纬度,λ 是经度.

例 1 设某船由 $A(60°\text{N}, 100°\text{E})$,向东航行至 $B(60°\text{N}, 103°\text{E})$,求 AB 的距离.

解 由 4.1.6 知,在赤道上,$103° - 100° = 3° \times 60 = 180$ n mile,所以
$$AB = 180 \times \cos60° = 90 \text{ n mile},$$
即当纬度为 $60°$ 时,等纬圈的长度仅为赤道长度的一半.

例 2 设两船同在北纬 $30°\text{N}$,相距 600 n mile,若它们以同速向北航行 1800 n mile,求两船相距多少海里?

解 由 4.1.6 知,两船在赤道上的距离为 $\dfrac{600}{\cos30°} = 400\sqrt{3}$ n mile,向北航行 1800 n mile,即 $30°$,到达北纬 $60°\text{N}$,所以两船相距
$$400\sqrt{3} \cdot \cos60° = 200\sqrt{3} \text{ n mile}.$$

注:(1) 子午圈、午圈、子午线、经线指南北向;纬度圈、等纬圈指东西向.

(2) 午圈上所有点的经度相同;纬度圈上所有点的纬度相同.

练习题 4.1

1. 是非题

(1) 小球分球为相等的两部分;

(2) 过球面上在同一直径两端的两点,只能作一个大圆;

(3) 球面上两点间小于 $180°$ 圆弧的长是这两点间的最短球面距离;

(4) 地球子午线上 $1''$ 的弧长称为 1 海里;

(5) 极到极线的球面距离为 $90°$;

(6) 极距是指任一点到子午线上的球面距离;

(7) 球面半径与球半径相等;

(8) 球面角与其所对应的大圆弧长相等;

(9) 纬度是指地球上某点到北(南)极的球面距离.

2. 如图 4.1.4 所示,球面上的 p_n 为地球北极,弧 $\overgroup{qcdq'}$ 为赤道,弧 $\overgroup{aefb}$ 为等纬圈. 设 $\overgroup{cd}$ 长 200 n mile,e 点的纬度为 $45°$,求 $\overgroup{ef}$ 长(n mile).

3. 设某船由 $A(0°N,100°E)$ 向东航行 120 n mile,后沿子午圈向北航行 3600 n mile,再转向沿等纬圈向西航行 120 n mile,最后转向沿子午圈向南航行 3600 n mile,求:

(1) 船舶最后到达点的纬度;(2) 起航点与到达点相距多少海里?

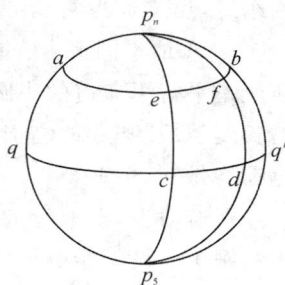

图 4.1.4

4. 设 A 船位于 $(60°N,100°E)$,B 船位于 $(60°N,120°E)$,若两船以同速向南航行,则它们在航行 3600 海里后相距多少海里?

5. 设两船同在北纬 $30°N$,相距 600 n mile,若它们以同速向北航行 900 n mile,则两船相距多少海里?

4.2 球面三角

4.2.1 球面三角形的定义

球面上由三个大圆弧相交于三点所围成的球面部分称为球面三角形. 称这三个大圆弧为球面三角形的边,这三点为球面三角形的顶点,由任意两个大圆弧所构成的球面角称为球面三角形的角.

三边和三个角称为球面三角形六要素. 三边用 a,b,c 表示,三个角用 A,B,C 表示,它们的取值范围均是 $0°\sim360°$. 六要素的取值范围均是 $0°\sim 180°$ 的球面三角形称为欧拉球面三角形. 本书仅讨论欧拉球面三角形.

4.2.2 球面三角形的分类

1. 球面直角(边)三角形
至少有一个角(边)为 $90°$ 的球面三角形称为球面直角(边)三角形.

2. 球面等腰三角形和球面等边三角形
两边或两角相等的球面三角形称为球面等腰三角形;三边或三角相等

80

的球面三角形称为球面等边三角形.

3. 球面初等三角形

相对于球半径三边都非常小的球面三角形称为球面小三角形;一个边和对角相对于其他两边及其对角都很小的球面三角形称为球面窄三角形. 球面小三角形和球面窄三角形统称为球面初等三角形.

4. 球面任意三角形

不属于以上三类的球面三角形称为球面任意三角形.

注:球面直角(边)三角形可以是两个角(边)或三个角(边)为 $90°$,这个特点不同于平面三角形.

4.2.3 两个球面三角形的关系

1. 全等球面三角形

在同球和等球面上,边角对应相等且排列顺序相同的球面三角形称为全等球面三角形.

2. 对称球面三角形

在同球和等球面上,边角对应相等且排列顺序相反的球面三角形称为对称球面三角形.如图 4.2.1 所示.

3. 相似球面三角形

在半径不同的球面上,边角度数对应相等的球面三角形称为相似球面三角形.如图 4.2.2 所示.

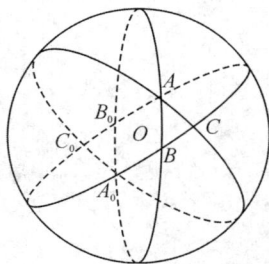

图 4.2.1

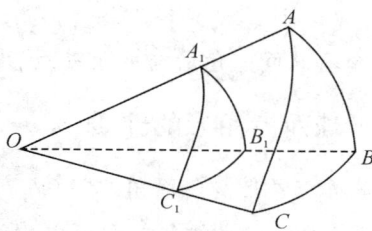

图 4.2.2

4. 极线球面三角形

(1)定义:球面三角形三个顶点的极线所构成的球面三角形称为极线球面三角形.通常极线球面三角形的边和角分别用 a',b',c' 和 A',B',C' 表示.如图 4.2.3 所示.

（2）特点

① 若原球面三角形的三边都大于 90°，则极线球面三角形在原球面三角形内．如图 4.2.4 所示．

② 若原球面三角形的三边都小于 90°，则极线球面三角形在原球面三角形外．如图 4.2.5 所示．

③ 若原球面三角形的一边或两边大于 90°，则极线球面三角形与原球面三角形交叉形成．如图 4.2.3 所示．

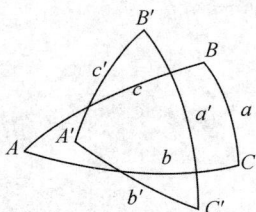

图 4.2.3

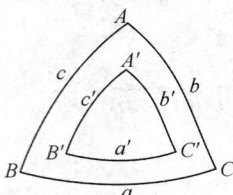

图 4.2.4

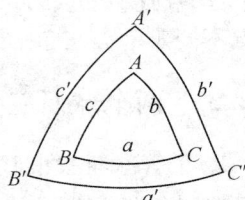

图 4.2.5

（3）关系

① 原球面三角形与极线球面三角形是相互的关系，即原球面三角形的顶点是极线球面三角形对应边的极；反之，极线球面三角形的顶点是原球面三角形对应边的极．

② 原三角形的角（边）与极线球面三角形的边（角）互补．即

$$a + A' = 180°, a' + A = 180°,$$
$$b + B' = 180°, b' + B = 180°,$$
$$c + C' = 180°, c' + C = 180°.$$

注：全等球面三角形与平面三角形全等的条件一样．

4.2.4 球面三角形的性质

1. 球面三角形与三面角的关系

球面三角形与三面角之间可以相互度量，有如下的关系．如图 4.2.6 所示．

（1）球心是三面角的顶点；

（2）球半径是三面角的棱；

（3）球面三角形的边是三面角的平面角；

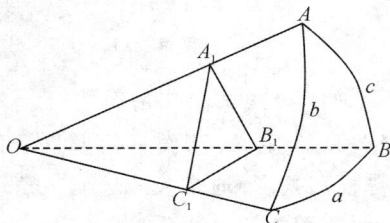

图 4.2.6

(4) 球面三角形的角是三面角的二面角.

2. 球面三角形的边

(1) 三边都是大圆弧,且 $0° <$ 每一边 $< 180°$;

(2) 两边之和大于第三边,两边之差小于第三边,如 $a-b<c<a+b$;

(3) 三边之和大于 $0°$ 且小于 $360°$,即 $0°<a+b+c<360°$.

3. 球面三角形的角

(1) $0° <$ 每一角 $< 180°$;

(2) 三角之和大于 $180°$ 小于 $540°$,即 $180°<A+B+C<540°$;

(3) 两角之和减去第三角小于 $180°$,如 $A+B-C<180°$;

(4) 两角之和(差)大于(小于)第三角的外角,如 $A-B<D<A+B$. 如图 4.2.7 所示.

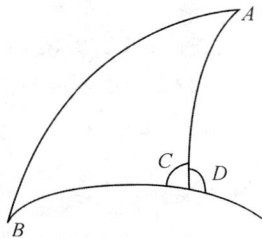

图 4.2.7

4. 边与角

(1) 等边对等角,等角对等边;

(2) 大(小)边对大(小)角,大(小)角对大(小)边.

4.2.5　球面三角形成立的条件

1. 已知球面三角形的三个边时

(1) $0° <$ 每一边 $< 180°$;

(2) $0°<a+b+c<360°$;

(3) 两边之和大于第三边,两边之差小于第三边.

2. 已知球面三角形的三个角时

(1) $0° <$ 每一角 $< 180°$;

(2) $180°<A+B+C<540°$;

(3) 两角之和减去第三角小于 $180°$.

3. 若给定球面三角形的两个角(边)及其夹边(角),则仅需满足每一个角和每一个边大于 $0°$,小于 $180°$ 的条件,球面三角形都成立.

注:c 边和 C 角在写法上的区别.

例　判断下面的球面三角形是否存在.

1. $A = 100°$,$B = 170°$,$C = 70°$.

解　因为 $A+B-C = 200° > 180°$,所以球面三角形不存在.

2. $a = 100°, b = 170°, c = 70°$.

解　因为 $a + c = 170° = b$,所以球面三角形不存在.

3. $A = 100°, B = 100°, C = 100°$.

解　因为满足已知三角的三个条件,所以球面三角形存在.

4. $a = 100°, b = 100°, c = 100°$.

解　因为满足已知三边的三个条件,所以球面三角形存在.

5. $a = 170°, b = 170°, C = 170°$.

解　因为两个边及其夹角都满足大于 $0°$,小于 $180°$ 的条件,所以球面三角形存在.

练习题 4.2

1. 是非题

(1) 球面直边三角形是指只有一个边为 $90°$ 的球面三角形;

(2) 在同球上,边角对应相等的球面三角形称为球面全等三角形;

(3) 球面三角形三边之和大于 $0°$,小于 $540°$;

(4) 球面三角形两角之和必小于第三角;

(5) 球面三角形外角小于相邻的两内角之和.

2. 由极线上任一点和极线相连的大圆弧与极线构成怎样的球面角?

3. 已知一球面三角形三个角分别为 $90°$、$90°$、$60°$,试问该球面三角形的三边各为何值?

4. 判断下列球面三角形是否存在:

$(1) a = 110°, b = 60°, c = 50°$;　$(2) A = 110°, B = 60°, C = 50°$;

$(3) a = 120°, b = 120°, c = 120°$;$(4) A = 120°, B = 120°, C = 120°$;

$(5) a = 100°, b = 170°, c = 90°$;　$(6) A = 100°, B = 170°, C = 90°$;

$(7) a = 60°, b = 60°, c = 60°$;　$(8) A = 60°, B = 60°, C = 60°$;

$(9) a = 1°, B = 179°, c = 179°$;　$(10) A = 28°, b = 179°, C = 181°$.

5. 设球面三角形 ABC 的三边为 a、b、c,且 $a > b > c$,它的极线三角形的三边为 a'、b'、c',求证:$a' < b' < c'$.

6. 在球面三角形 ABC 中,设 $A = 90°$,且 $B > C$,求证:

$(1) 270° > B + C > 90°$;$(2) B - C < 90°$.

7. 在球面三角形 ABC 中,设 $a = 90°$,求证:

$(1) 270° > b + c > 90°$;$(2) b - c < 90°$.

8. 在球面三角形 ABC 中,求证:

(1) $-90° < \dfrac{1}{2}(A+B-C) < 90°$;(2) $0° < \dfrac{1}{2}(a+b-c) < 180°$.

9. 如图 4.2.8 所示,$\overparen{AP}$、$\overparen{BP}$、$\overparen{CP}$、$\overparen{DP}$、$\overparen{EP}$ 和 $\overparen{ABCDE}$ 都是大圆弧,求证:$\angle APB + \angle BPC + \angle CPD + \angle DPE + \angle EPA = 360°$.

10. 如图 4.2.9 所示,球面上 P 点是大圆弧 $\overparen{QER}$ 的极,Z 点是大圆弧 $\overparen{SEN}$ 的极,求证:

(1) $\overparen{SE} = \overparen{EN} = \overparen{QE} = \overparen{ER} = 90°$;(2) $\overparen{ZP} = \overparen{SQ}$,$\overparen{QZ} = \overparen{PN}$.

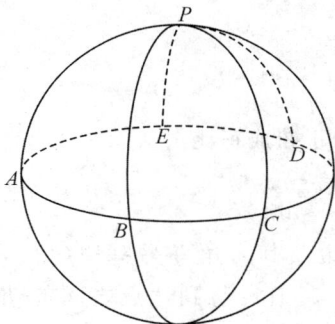

图 4.2.8

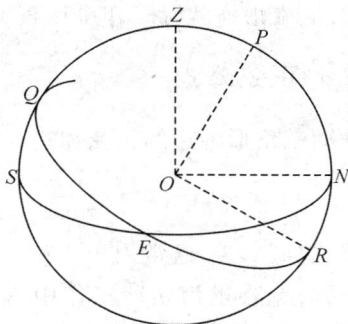

图 4.2.9

4.3　球面三角形公式

4.3.1　余弦公式

1. 边的余弦公式

球面三角形一个边的余弦等于其他两边余弦的乘积加上这两边正弦及其夹角余弦的乘积.

$$
\begin{cases}
\cos a = \cos b \cos c + \sin b \sin c \cos A \\
\cos b = \cos a \cos c + \sin a \sin c \cos B \\
\cos c = \cos a \cos b + \sin a \sin b \cos C
\end{cases}
\tag{4.3.1}
$$

公式(4.3.1)通常用于求解已知两边及其夹角求第三边或者已知三边

求一角.它在航海实际工作中是最常用的公式之一,如求起航点与到达点之间的距离.

2. 角的余弦公式

球面三角形一个角的余弦等于其他两角余弦的乘积冠以负号加上这两角正弦及其夹边余弦的乘积.

$$\begin{cases} \cos A = -\cos B\cos C + \sin B\sin C\cos a \\ \cos B = -\cos A\cos C + \sin A\sin C\cos b \\ \cos C = -\cos A\cos B + \sin A\sin B\cos c \end{cases} \quad (4.3.2)$$

公式(4.3.2)通常用于求解已知两角及其夹边求第三角或者已知三角求一边.它在航海实际工作中比较少用.

4.3.2 正弦公式

球面三角形各边的正弦和它对应角的正弦成正比.

$$\frac{\sin a}{\sin A} = \frac{\sin b}{\sin B} = \frac{\sin c}{\sin C} \quad (4.3.3)$$

公式(4.3.3)通常用于求解已知一边及其对角和另一边(角),求另一角(边).它在航海实际工作中常用于求起航点与到达点之间的初始航向.

注:利用公式(4.3.3),所得到的解是两个互为补角的解,应根据实际问题来选择.

4.3.3 边角的正余弦公式(五联公式)

球面三角形相邻边角正余弦的乘积等于邻边第三边正余弦的乘积减去邻边第三边余正弦及其夹角余弦的乘积,即

sin 边 cos 角 = sin 邻边 cos 第三边 − cos 邻边 sin 第三边 cos 夹角(口诀).

$$\begin{cases} \sin a\cos B = \sin c\cos b - \cos c\sin b\cos A \\ \sin a\cos C = \sin b\cos c - \cos b\sin c\cos A \\ \sin b\cos A = \sin c\cos a - \cos c\sin a\cos B \\ \sin b\cos C = \sin a\cos c - \cos a\sin c\cos B \\ \sin c\cos A = \sin b\cos a - \cos b\sin a\cos C \\ \sin c\cos B = \sin a\cos b - \cos a\sin b\cos C \end{cases} \quad (4.3.4)$$

公式(4.3.4)通常用于推导其他的球面三角公式,一般不用于解球面三角形.

注:五联公式的记忆,主要在于弄清邻边和第三边的概念.

例如五个联起来的要素:$a-B-c-A-b$,称 a 为边,B 为角,c 为邻边,A 为夹角,b 为第三边.套用口诀即可得到公式(4.3.4)中的第一个公式.

4.3.4　余切公式(四联公式)

球面三角形外边余切内边正弦的乘积等于外角余切内角正弦的乘积加上内边内角余弦的乘积,即 cot 外边 sin 内边 = cot 外角 sin 内角 + cos 内边 cos 内角(口诀).

$$
\begin{cases}
\cot a\sin b = \cot A\sin C + \cos b\cos C \\
\cot a\sin c = \cot A\sin B + \cos c\cos B \\
\cot b\sin a = \cot B\sin C + \cos a\cos C \\
\cot b\sin c = \cot B\sin A + \cos c\cos A \\
\cot c\sin a = \cot C\sin B + \cos a\cos B \\
\cot c\sin b = \cot C\sin A + \cos b\cos A
\end{cases}
\tag{4.3.5}
$$

公式(4.3.5)通常用于求四个联起来要素中的外边或者外角.它在航海实际工作中是常用的公式之一,如求起航点与到达点之间的初始航向.

注:四联公式的记忆,主要在于弄清内(外)边和内(外)角的概念.

例如四个联起来的要素:$a-C-b-A$,称 a 为外边,b 为内边,A 为外角,C 为内角.套用口诀即可得到公式(4.3.5)中的第一个公式.

例 1　在球面三角形 ABC 中,已知 $A=a$,求证:B 与 b、C 与 c 相等或互补.

证明　因为 $\dfrac{\sin a}{\sin A}=\dfrac{\sin b}{\sin B}=\dfrac{\sin c}{\sin C}=1$,所以,$\sin B=\sin b$,$\sin C=\sin c$,即 B 与 b、C 与 c 相等或互补.

例 2　球面三角形各边都等于 $60°$,求证每个角的余弦为 $\dfrac{1}{3}$.

解　由边的余弦公式:$\cos a=\cos b\cos c+\sin b\sin c\cos A$,得

$$
\cos A=\frac{\cos a-\cos b\cos c}{\sin b\sin c}=\frac{\cos 60°-\cos 60°\cos 60°}{\sin 60°\sin 60°}=\frac{1}{3};同理可证.
$$

练习题 4. 3

1. 在球面三角形 ABC 中,若 $C = 90°$,求证:
(1) $\cos c = \cos a \cos b$;(2) $\cos c = \cot A \cot B$;
(3) $\sin b = \cot A \tan a$;(4) $\sin b = \sin B \sin c$.

2. 球面三角形各角都等于 $120°$,求证每个边的余弦为 $-\dfrac{1}{3}$.

3. 在周长为 12 的球面上,一个球面三角形 ABC 的三边长分别为 $AB = 1, BC = 2, AC = \dfrac{3}{2}$,求它的三个内角.

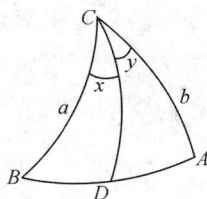

4. 如图 4.3.1 所示,在球面三角形 ABC 中,D 是 $\overset{\frown}{AB}$ 上的中点,过 C、D 两点作大圆弧 $\overset{\frown}{CD}$,$\overset{\frown}{CD}$ 分角 C 为 x、y 两个部分. 求证: $\dfrac{\sin x}{\sin y} = \dfrac{\sin b}{\sin a}$.

图 4. 3. 1

5. 设 $C = 90°, a = 60°, b = 45°$,求:(1) 边 c;(2) 角 A.

4. 4　球面直角三角形和球面直边三角形

4. 4. 1　球面直角三角形

1. 定义

至少有一个角为直角的球面三角形称为球面直角三角形.

若三个角都是 $90°$,则三边也都是 $90°$;若两个角是 $90°$,则直角的两对边也是 $90°$,此时第三个角所对应的顶点和对边是极点和极线的关系,由球面角的知识,第三个角与其对边在数值上必相等(同度). 所以上述两种情况下球面三角形的边角关系已经很清楚,下面仅讨论一个角为直角的球面三角形的公式.

2. 球面直角三角形公式推导

设 $C = 90°$,则有 $\sin C = 1, \cos C = 0$,对照边的余弦公式、角的余弦公式、正弦公式、余切公式可推得下表的 10 个公式.

表 4.4.1

公式名称	球面任意三角形	球面直角三角形($C = 90°$)
边的余弦公式	$\cos c = \cos a \cos b + \sin a \sin b \cos C$	$\cos c = \cos a \cos b$
角的余弦公式	$\cos A = -\cos B \cos C + \sin B \sin C \cos a$ $\cos B = -\cos A \cos C + \sin A \sin C \cos b$ $\cos C = -\cos A \cos B + \sin A \sin B \cos c$	$\cos A = \sin B \cos a$ $\cos B = \sin A \cos b$ $\cos c = \cot A \cot B$
正弦公式	$\dfrac{\sin a}{\sin A} = \dfrac{\sin c}{\sin C}$ $\dfrac{\sin b}{\sin B} = \dfrac{\sin c}{\sin C}$	$\sin a = \sin A \sin c$ $\sin b = \sin B \sin c$
余切公式	$\cot a \sin b = \cot A \sin C + \cos b \cos C$ $\cot b \sin a = \cot B \sin C + \cos a \cos C$ $\cot c \sin a = \cot C \sin B + \cos a \cos B$ $\cot c \sin b = \cot C \sin A + \cos b \cos A$	$\sin b = \cot A \tan a$ $\sin a = \cot B \tan b$ $\cos B = \tan a \cot c$ $\cos A = \tan b \cot c$

由此我们得到了这 10 个公式,这十个公式包括了球面直角三角形在角 $C = 90°$ 时的所有情况,即:

$$\begin{cases} \cos c = \cot A \cot B = \cos a \cos b \\ \sin a = \sin A \sin c = \cot B \tan b \\ \sin b = \cot A \tan a = \sin B \sin c \\ \cos A = \tan b \cot c = \sin B \cos a \\ \cos B = \tan a \cot c = \sin A \cos b \end{cases} \qquad (4.4.1)$$

注:公式(4.4.1)仅适用于 $C = 90°$. 若是 $A = 90°$ 或是 $B = 90°$,请参照上表的推导方法,将相应的字母改换即可.

3. 球面直角三角形公式的记忆法则(纳比尔法则)

这 10 个球面直角三角形公式在实用中难于记忆,因此,纳比尔设计了一套图形(图 4.4.1)和记忆法则,用于记忆这些公式,称为纳比尔法则.

图 4.4.1

　　纳比尔法则:在非直角的五个循环要素中,任一要素的正弦,等于其相邻两要素正切的乘积,或等于其相隔两要素余弦的乘积.纳比尔法则又称为"大字法则".

　　在直角的情况下,任意已知两个要素,运用法则,可以直接求出其余三个要素.

　　注:(1) 大字图形下方的三个要素是 $90°-?$;

　　(2) 法则中的五个循环要素不包括直角要素.

4.4.2　球面直边三角形

　　1. 定义

　　至少有一个边为 $90°$ 的球面三角形称为球面直边三角形.

　　若三条边都是 $90°$,则三角也都是 $90°$;若两条边是 $90°$,则直边的两对角都是 $90°$,而第三条边与其角在数值上必相等.因此上述两种情况下球面三角形的边角关系已经很清楚,下面仅讨论一条边为直边的球面三角形公式.

　　2. 球面直边三角形公式

　　设 $c = 90°$,类似于球面直角三角形公式的推导,由边的余弦公式、角的余弦公式、正弦公式、余切公式可推得 10 个公式. 即

$$\begin{cases} \cos C = -\cot a \cot b = -\cos A \cos B \\ \sin A = \cot b \tan B = \sin a \sin C \\ \sin B = \cot a \tan A = \sin b \sin C \\ \cos a = -\cot C \tan B = \sin b \cos A \\ \cos b = -\cot C \tan A = \sin a \cos B \end{cases} \quad (4.4.2)$$

　　3. 球面直边三角形公式的记忆法则

　　与球面直角三角形公式类似,球面直边三角形公式也有纳比尔法则(图 4.4.2).

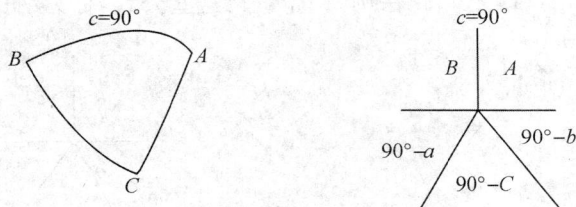

图 4.4.2

纳比尔法则:在五个循环要素中,任一要素的正弦等于其相邻两要素正切的乘积,或等于其相隔两要素余弦的乘积.但在等式右边的两项的乘积中,若两个要素都是边或都是角时,则在乘积之前冠以负号.

在直边的情况下,任意已知两个要素,运用法则,可以直接求出其余三个要素,但是要注意符号.

例 1　在球面三角形 ABC 中,设 $B = 90°$,则 $\cos b = -\cos A \cos C$ 或 $\cot A \cot a$.

练习题 4.4

1. 在球面三角形 ABC 中,设 $B = 90°$,则 $\cos b = $ _____ 或 _____.

2. 在球面三角形 ABC 中,设 $a = 90°$,则 $\cos A = $ _____ 或 _____.

3. 在球面三角形 ABC 中,边 $b = 90°$,$a = 60°$,$C = 30°$,求出其余的三要素.

4. 球面三角形 ABC 中,边 $a = 90°$,$B = 30°$,$C = 45°$,求出其余的三要素.

5. 球面三角形 ABC 中,$C = 90°$,求证:

(1)$\tan a \cos c = -\sin b \cot B$;(2) $\sin^2 A = 1 - \sin^2 B \cos^2 a$.

4.5　球面初等三角形

在航海实际工作中,常会遇到三边与其球半径相比都甚小或一边相对于其他两边都很小的球面三角形,它们统称为球面初等三角形.

4.5.1　球面小三角形

1. 定义

相对于球半径三边都非常小的球面三角形称为球面小三角形.

虽然三边甚小,但三角不会很小,其内角和接近 $180°$ 且大于 $180°$.

2. 球面角盈

三个内角和大于 $180°$ 的部分称为球面角盈,记为 E,即

$$E = A + B + C - 180°.$$

(1) 若三角已知,则 $E = A + B + C - 180°$;

(2) 若三边已知,则 $E'' = \dfrac{S}{R^2 \sin 1''}\left(1 + \dfrac{a^2 + b^2 + c^2}{24R^2}\right)$.

其中,S 为球面三角形面积;R 为球半径(地球半径:6370 km);a,b,c 为三边长度.

$S = \sqrt{p(p-c)(p-a)(p-b)}$,$p = \dfrac{1}{2}(a+b+c)$ 为半周长,代入得:

$$S = \frac{1}{4}\sqrt{(a+b+c)(a+b-c)(b+c-a)(a+c-b)}.$$

由以上公式可计算出,当地面上的球面小三角形各边长均为 10 n mile、40 n mile、70 n mile 和 100 n mile 时,球面角盈分别约为 $1''$、$12''$、$37''$ 和 $76''$.这说明,在地面上的距离为几十海里时,球面角盈很小.因此,当精度要求不是很高时,可将球面小三角形看成平面三角形求解.航海上,在视野范围内观测陆标定位时,完全可将球面三角形视作平面三角形来处理.

计算公式为:

$$\begin{cases} a^2 = b^2 + c^2 - 2bc\cos A \\ b^2 = a^2 + c^2 - 2ac\cos B \\ c^2 = a^2 + b^2 - 2ab\cos C \end{cases} \tag{4.5.1}$$

$$\frac{a}{\sin A} = \frac{b}{\sin B} = \frac{c}{\sin C}. \tag{4.5.2}$$

即平面三角形的余弦和正弦公式.

4.5.2　球面窄三角形

1. 定义

一个边和对角相对于其他两边及其对角都很小的球面三角形称为球面窄三角形.

与球面小三角形类似,在精度要求不是很高时,可将球面窄三角形的边和角的计算公式简化,用简单的近似公式代替.这样,既便于计算又便于记忆公式.

2. 近似公式

已知小边 a 和它的邻角 B 及 B 角的邻边 c,求另一边 b 和小角 A(图4.5.1).

(1) 两边之差 $c-b$ 的第一近似公式：

$$(c-b)_1 = a\cos B; \qquad (4.5.3)$$

(2) 角 A 的第一近似公式：

$$A_1 = \frac{a\sin B}{\sin c}; \qquad (4.5.4)$$

(3) 两边之差 $c-b$ 的第二近似公式：

$$(c-b)_2 = (c-b)_1 - \frac{1}{2}a^2\sin^2 B \cdot \cot c,$$

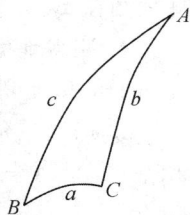

图 4.5.1

或 $\qquad (c-b)_2 = a\cos B - \frac{1}{2}a^2\sin^2 B \cdot \cot c; \qquad (4.5.5)$

(4) 角 A 的第二近似公式：

$$A_2 = A_1 + \frac{1}{2}a^2\sin 2B \cdot \cot c \cdot \csc c,$$

或 $\qquad A_2 = \frac{a\sin B}{\sin c} + \frac{1}{2}a^2\sin 2B \cdot \cot c \cdot \csc c. \qquad (4.5.6)$

显然，第二近似公式虽比第一近似公式更精确，但计算量也大.

例 1　测得地面上三角形的三边分别为 18 km、52 km、65 km，试求该球面三角形的球面角盈.

解　$E'' = \dfrac{S}{R^2 \cdot \sin 1''}\Big(1 + \dfrac{a^2+b^2+c^2}{24R^2}\Big), S = \sqrt{p(p-c)(p-a)(p-b)}$,

$$p = \frac{1}{2}(a+b+c) = \frac{1}{2}(18+52+65) = 67.5;$$

$$S = \sqrt{67.5 \times (67.5-18)(67.5-52)(67.5-65)} = 359.8;$$

$$E'' = \frac{359.8}{6370^2 \times \sin 1''}(1 + \frac{18^2+52^2+65^2}{24 \times 6370^2}) = 3''.$$

例 2　设球面三角形 ABC 是一球面窄三角形，c 比 a、b 小得多，已知边 $c = 0°48'06''$，角 $A = 86°00'00''$，$b = 40°00'00''$，试求该三角形的 C 角和 a 边.

解　$(b-a)_1 = c\cos A = 0°48'06''\cos 86°00' = 3.36$，所以

$$a = 40°00 \times 60 - 3.36 = 2396.64 \text{ n mile};$$

$$C = \frac{c\sin A}{\sin b} = \frac{0°48'06'' \times \sin 86°}{\sin 40°} = 1°14'39''.$$

练习题 4.5

1. 已知一球面三角形：$A = 71°28'15''$，$B = 45°56'09''$，$C = 62°36'35''$，求

球面角盈 E.

2. 测得地面上三角形的三边分别为 20 km、50 km、60 km,试求该球面三角形的球面角盈.

3. 球面三角形 ABC 是一球面窄三角形,c 比 a、b 小得多,已知边 $c = 0°50'.0$,角 $A = 60°00'.0$,$b = 45°00'.0$,试求该三角形的 C 角和 a 边.

4.6　任意的球面三角形

4.6.1　任意的球面三角形求解

对于任意的球面三角形,在已知三个要素的条件下,求解另外三个要素,有下面的六种情况.

1. 已知两边 a,b 及其夹角 C,求其余两角 A,B 及第三边 c

求法:第三边 c 可通过边的余弦公式求出,即

$$\cos c = \cos a \cos b + \sin a \sin b \cos C;$$

其余两个角通过余切公式得到,由 $\cot a \sin b = \cot A \sin C + \cos b \cos C$,得

$$\cot A = \frac{\cot a \sin b - \cos b \cos C}{\sin C};$$

同理,由 $\cot b \sin a = \cot B \sin C + \cos a \cos C$,得

$$\cot B = \frac{\cot b \sin a - \cos a \cos C}{\sin C}.$$

2. 已知两角 A,B 及其夹边 c,求其余两边 a,b 及第三角 C

求法:第三角 C 可直接通过角的余弦公式求出,即

$$\cos C = -\cos A \cos B + \sin A \sin B \cos c;$$

其余两条边 a,b 通过余切公式得到,由 $\cot a \sin c = \cot A \sin B + \cos c \cos B$,得

$$\cot a = \frac{\cot A \sin B + \cos c \cos B}{\sin c};$$

同理

$$\cot b = \frac{\cot B \sin A + \cos c \cos A}{\sin c}.$$

3. 已知三边 a,b,c,求三个角 A,B,C

求法:利用边的余弦公式.由 $\cos a = \cos b \cos c + \sin b \sin c \cos A$,得

$$\cos A = \frac{\cos a - \cos b \cos c}{\sin b \sin c};$$

同理
$$\cos B = \frac{\cos b - \cos a \cos c}{\sin a \sin c};$$

$$\cos C = \frac{\cos c - \cos a \cos b}{\sin a \sin b}.$$

4. 已知三角 A,B,C，求三条边 a,b,c

求法：利用角的余弦公式. 由 $\cos A = -\cos B \cos C + \sin B \sin C \cos a$，得

$$\cos a = \frac{\cos A + \cos B \cos C}{\sin B \sin C};$$

同理
$$\cos b = \frac{\cos B + \cos A \cos C}{\sin A \sin C};$$

$$\cos c = \frac{\cos C + \cos A \cos B}{\sin A \sin B}.$$

5. 已知两边 a,b 及其一对角 $A(B)$，求另一角 $B(A)$ 和第三边 c 及其对角 C

求法：利用正弦公式可求出另一角，由 $\dfrac{\sin a}{\sin A} = \dfrac{\sin b}{\sin B}$，得

$$\sin B = \frac{\sin b \sin A}{\sin a};$$

而第三边 c 及其对角 C 利用边的余弦公式和余切公式来求，由

$$\cos a = \cos b \cos c + \sin b \sin c \cos A,$$

得
$$p \sin c + q \cos c = r,$$

其中，$p = \sin b \cos A, q = \cos b, r = \cos a.$

应用平面三角的知识，可以得到第三边 c.

同理，由 $\cot a \sin b = \cot A \sin C + \cos b \cos C$，可以求得第三角 C.

6. 已知两角 A,B 及其一对边 $a(b)$，求另一边 $b(a)$ 和第三边 c 及其对角 C

求法：利用正弦公式可求出一边，由 $\dfrac{\sin a}{\sin A} = \dfrac{\sin b}{\sin B}$，得

$$\sin b = \frac{\sin a \sin B}{\sin A};$$

而第三边 c 及其对角 C 利用边的余切公式和角的余弦公式来求，由

$$\cot a \sin c = \cot A \sin B + \cos c \cos B.$$

得
$$p \sin c + q \cos c = r,$$

其中，$p = \cot a, q = -\cos B, r = \cot A \sin B.$

应用平面三角的知识,可以得到第三边 c.

同理,由 $\cos A = -\cos B \cos C + \sin B \sin C \cos a$,可以求得第三角 C.

以上六种情况中,与航海关系最密切的是第一种. 而且在航海上对问题的要求也往往是解算球面三角形中个别未知要素,而不是求解整个球面三角形,因而在解算中对公式的选择需要加以注意. 在实际应用中利用公式求边或角,可以使用函数计算器进行计算.

4.6.2　求解球面三角形的一般步骤

(1)根据已知条件,画出该三角形的示意图形. 绘图时,只要根据已知度数粗略地画出图形即可. 但图形越正确,对于检验演算结果越有价值,而且对解的判断能起很大作用. 此外,熟练地绘画球面三角形的图形,对日后学习天文航海等课程也有很大帮助.

(2)根据已知条件,选择解该三角形所应用的适当公式.

解球面三角形有许多公式,有的用起来便利,有的用起来不太便利,所得的结果准确程度也不大相同,所以在解球面三角形时应根据具体情况选择最适当的公式. 否则,由于求解公式选择不当,不仅演算费时,而且所得结果精确度不高.

注:(1)尽量利用余弦公式和余切公式求解,如果用正弦公式求解,要判断是锐角还是钝角;

(2)为了减小误差,提高精度,尽量用已知要素来求未知要素.

例 1　已知 $C = 120°, a = 45°, b = 60°$,画出该球面三角形的示意图,并求出其他的三要素.

解　第三边 c 可通过边的余弦公式求出,即

$$\cos c = \cos a \cos b + \sin a \sin b \cos C = \cos 45° \cos 60° + \sin 45° \sin 60° \cos 120°,$$

解得,$c = 87°17'6''$.

其余两个角 A、B 通过余切公式得到,

由 $\cot a \sin b = \cot A \sin C + \cos b \cos C$,得

$$\cot A = \frac{\cot a \sin b - \cos b \cos C}{\sin C}$$

$$= \frac{\cot 45° \sin 60° - \cos 60° \cos 120°}{\sin 120°},$$

解得 $A = 37°48'40''$.

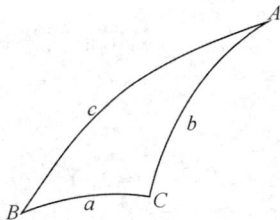

图 4.6.1

同理,由 $\cot b \sin a = \cot B \sin C + \cos a \cos C$,得

$$\cot B = \frac{\cot b \sin a - \cos a \cos C}{\sin C} = \frac{\cot 60° \sin 45° - \cos 45° \cos 120°}{\sin 120°},$$

解得:$B = 48°39'48''$.

练习题 4.6

解算下面球面三角形:

1. 若 $a = 38°15.'5, b = 75°10.'0, C = 52°14.'0$,求边 C.

2. 若 $a = 118°31.'0, b = 50°20.'0, C = 100°40.'0$,求角 A.

3. 若 $a = 50°10.'5, b = 40°00.'2, C = 121°36.'3$,求角 B.

4. 若 $a = 85°03.'0, B = 30°19.'0, C = 58°20.'0$,求边 b.

5. 若 $a = 118°50.'0, b = 61°40.'0, B = 66°06.'6$,求角 A.

6. 若 $b = 49°30.'2, B = 66°06.'6, C = 57°17.'3$,求边 C.

4.7 大圆航程和大圆起始航向

大圆航程:船舶在海上驶大圆航线的距离,用 S_L 表示,取值范围是 $0° < S_L \leqslant 180°$.

大圆起始航向:连接地球北极与出发地之间的大圆弧,与大圆航线间按顺时针方向的球面角,用 C_I 表示,取值范围是 $0° \leqslant C_I < 360°$.

4.7.1 经差

经差:终到地经度 λ_2 与出发地经度 λ_1 之差,用 D_λ 表示,取值范围是 $0° \leqslant D_\lambda \leqslant 180°$.

航海上规定经度以东经为正,西经为负(纬度以北纬为正,南纬为负),经差也是以东经为正,西经为负.

经差 $D_\lambda = \lambda_2 - \lambda_1$,当经差的数值超过 $180°$ 或为负值时,以下面方法计算:

1. 当经差的数值超过 $180°$ 时,用 $360°$ 减之,并改变符号,即 $(360° - D_\lambda)W$;

2. 当经差的数值为负值时,分成两种情况:

(1) $-180° \leqslant D_\lambda < 0°$:将负号去掉,以西经表示,即$|D_\lambda|$W;

(2) $-360° < D_\lambda < -180°$:用$360°$加之,并改变符号,即$(360° + D_\lambda)$E.

例1 设 $\lambda_1 = 62°10'.0$E,$\lambda_2 = 105°20'.0$E,求 D_λ.

解 $D_\lambda = \lambda_2 - \lambda_1 = 105°20'.0 - 62°10'.0 = 43°10'.0$E.

例2 设 $\lambda_1 = 133°15'.0$W,$\lambda_2 = 165°11'.0$E,求 D_λ.

解 $D_\lambda = \lambda_2 - \lambda_1 = 165°11'.0 - (-133°15'.0)$

$= 298°26'.0 = (360° - 298°26'.0)$W $= 61°34'.0$W.

例3 设 $\lambda_1 = 153°55'.0$E,$\lambda_2 = 147°18'.0$W,求 D_λ.

解 $D_\lambda = \lambda_2 - \lambda_1 = (-147°18'.0) - 153°55'.0 = -301°13'.0$

$= (360° - 301°13'.0)$E $= 58°47'.0$E.

4.7.2 大圆航程 S_L 和大圆起始航向

设某船拟由 $A(\varphi_A, \lambda_A)$ 行驶到 $B(\varphi_B, \lambda_B)$,驶大圆航线,求大圆航程 S_L 和大圆起始航向 C_I.这是一个基本的航海运算问题.如图 4.7.1 所示.

$\overset{\frown}{p_n A} = 90° - \varphi_A$,$\overset{\frown}{p_n B} = 90° - \varphi_B$,$D_\lambda = \lambda_B - \lambda_A$.由边的余弦公式:

$\cos S_L = \cos(90° - \varphi_A)\cos(90° - \varphi_B) +$

$\qquad \sin(90° - \varphi_A)\sin(90° - \varphi_B)\cos D_\lambda$

$\qquad = \sin\varphi_A \sin\varphi_B + \cos\varphi_A \cos\varphi_B \cos D_\lambda$;

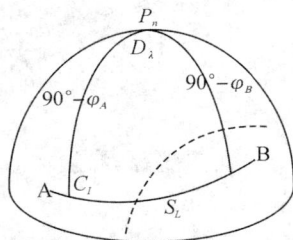

图 4.7.1

由余切公式:

$\cot(90° - \varphi_B)\sin(90° - \varphi_A) = \cot C_I \sin D_\lambda + \cos D_\lambda \cos(90° - \varphi_A)$,

$\qquad \tan\varphi_B \cos\varphi_A = \cot C_I \sin D_\lambda + \cos D_\lambda \sin\varphi_A$,

所以, $\qquad \cot C_I = \dfrac{\tan\varphi_B \cos\varphi_A - \cos D_\lambda \sin\varphi_A}{\sin D_\lambda}$.

又由正弦公式:$\dfrac{\sin(90° - \varphi_B)}{\sin C_I} = \dfrac{\sin S_L}{\sin D_\lambda}$,所以

$$\sin C_I = \frac{\cos\varphi_B \sin D_\lambda}{\sin S_L}.$$

一般地,通过判断 $\cot C_I$ 与 $\sin C_I$ 的符号,来确定大圆起始航向 C_I 的取值范围.

注:(1) 大圆航程 S_L 的单位是海里;

(2) 求大圆起始航向 C_I 时,要求 $\cot C_I$ 与 $\sin C_I$ 都要求出,便于判断 C_I 的取值范围.

① $\begin{cases} \cot C_I > 0 \\ \sin C_I > 0 \end{cases}, 0° < C_I < 90°;$ ② $\begin{cases} \cot C_I < 0 \\ \sin C_I > 0 \end{cases}, 90° < C_I < 180°;$

③ $\begin{cases} \cot C_I > 0 \\ \sin C_I < 0 \end{cases}, 180° < C_I < 270°;$ ④ $\begin{cases} \cot C_I < 0 \\ \sin C_I < 0 \end{cases}, 270° < C_I < 360°.$

(3) 航海上要求距离精确到 $0.'1$;角度精确到 $0.°1$.

例 4 某船拟由 $\varphi_A = 17°15.'0N, \lambda_A = 108°26.'0E$ 到 $\varphi_B = 23°20.'0N$, $\lambda_B = 134°47.'0E$,驶大圆航线,求大圆航程与大圆起始航向.

解 $D_\lambda = \lambda_2 - \lambda_1 = 134°47'.0 - 108°26'.0 = 26°21'.0E$,

$\cos S_L = \sin17°15.'0\sin23°20.'0 + \cos17°15.'0\cos23°20.'0\cos26°21.'0$
$= 0.9$,

所以, $\quad S_L = 25.°41 = 1524.6 \text{ n mile}$,

$\cot C_I = \dfrac{\cos17°15.'0\tan23°20.'0 - \sin17°15.'0\cos26°21.'0}{\sin26°21.'0} \approx 0.33.$

由于 $\cot C_I > 0$,C_I 在第一或第三象限,为确定起始航向,可用正弦公式检验:

$$\sin C_I = \frac{\cos\varphi_B\sin D_\lambda}{\sin S_L} = \frac{\cos23°20.'0\sin26°21.'0}{\sin25.°25'} \approx 0.95 > 0,$$

所以 C_I 在第一象限,即 $C_I = 71.8°$.

例 5 某船拟由 $A(30°0'N, 70°20'E)$ 到 $(30°0.'S, 130°20'E)$,驶大圆航线,求大圆航程与大圆起始航向.

解 $D_\lambda = \lambda_2 - \lambda_1 = 130°20'.0 - 70°20'.0 = 60°0'E$,

$\cos S_L = \sin30°\sin(-30°) + \cos30°\cos(-30°)\cos60° = -0.25$,

所以,

$$S_L = 104°.48 = 6268.7 \text{ n mile};$$

$$\cot C_I = \frac{\tan(-30°)\cos30° - \cos60°\sin30°}{\sin60°} \approx -0.866.$$

由于 $\cot C_I < 0$,C_I 在第二或第四象限,为确定起始航向,可用正弦公式检验:

$$\sin C_I = \frac{\cos\varphi_B\sin D_\lambda}{\sin S_L} = \frac{\cos30°\sin60°}{\sin104°.48} \approx 0.7746 > 0,$$

所以 C_I 在第二象限,即 $C_I = 130°.9$.

练习题 4.7

1. 填空题

(1) 已知出发地经度为 146°16.′0W,终到地经度为 163°42.′0E,则两地经差为_____.

(2) 已知出发地经度为 146°16.′0E,终到地经度为 163°42.′0W,则两地经差为_____.

(3) 已知出发地经度为 146°16.′0W,终到地经度为 163°42.′0W,则两地经差为_____.

(4) 已知出发地经度为 163°42.′0W,终到地经度为 146°16.′0W,则两地经差为_____.

(5) 已知出发地经度为 146°16.′0E,终到地经度为 163°42.′0E,则两地经差为_____.

(6) 已知出发地经度为 163°42.′0E,终到地经度为 146°16.′0E,则两地经差为_____.

(7) 已知出发地经度为 65°11.′0E,终到地经度为 36°18.′0E,则两地经差为_____.

(8) 已知出发地经度为 36°18.′0E,终到地经度为 65°11.′0E,则两地经差为_____.

2. 某船拟由 $A(30°N,20°E)$ 到 $B(60°N,110°E)$ 驶大圆航线,求大圆航程和大圆起驶航向.

3. 某船拟由 $\varphi_A = 17°15.′0N, \lambda_A = 108°26.′0E$ 到 $\varphi_B = 23°20.′0N, \lambda_B = 134°47.′0E$,驶大圆航线,求大圆航程与大圆起始航向.

4. 从我国台湾省的台北附近 $(25°30.′0N,121°05.′0E)$ 到檀香山 $(22°00.′0N,158°00.′0W)$ 作大圆航行,求大圆航程和初始航向.

复习题(四)

1. 简答与计算

(1) 作图说明球面上点、线、圈的命名.

(2) 作图说明球面角是如何确定的.它有几种度量方法,分别是什么?

(3) 球面上两点之间的最短距离是什么?

(4) 在球面上,圆心角相等的大圆弧与小圆弧的关系是什么?

(5) 某船沿赤道向西航行 600 海里后向南、东、北各航行 600 海里,最后的到达点与起始点的相对位置关系怎么样?

2. 试判断下列球面三角形是否存在:

(1)$a = 120°, b = 62°, c = 58°$;　　　(2)$a = 113°, b = 124°, c = 132°$;

(3)$a = 122°, b = 68°, c = 132°$;　　　(4)$A = 46°, B = 68°, C = 65°$;

(5)$A = 80°, B = 130°, C = 131°$;　　　(6)$A = 73°, B = 33°, c = 12°$;

(7)$a = 179°, b = 146°, C = 2°$.

3. 选择题:

(1) 某船由$(15°57'.0N, 126°50'.0W)$出发,分别向正南、正东、正北、正西四个方向航行 3600 n mile,则终到点位于出发点的(　　).

(A) 正东　　　(B) 正西　　　(C) 同一位置　　　(D) 无法确定

(2) 在球面三角形 ABC 中,已知边 b, c,及角 B,则求角 A 可用(　　)公式.

(A) 正弦　　　(B) 边的余弦　(C) 角的余弦　　　(D) 四联

(3) 在球面直边三角形 ABC 中,$a = 90°$,下列公式错误的是(　　).

(A)$\sin B = \dfrac{\tan C}{\tan c}$　　　　(B) $\sin c = \dfrac{\cos b}{\cos B}$

(C)$\cot c = \cot b \cos A$　　　(D) $\tan C = -\cos b \tan A$

4. 解算下列球面三角形:

(1)$a = 38°15'.0, b = 75°10'.0, C = 52°14'.0$,求边 c;

(2)$a = 118°31'.0, B = 50°20'.0, C = 100°40'.0$,求角 A;

(3)$a = 50°10'.5, b = 40°00'.2, c = 121°36'.3$,求角 B;

(4)$a = 118°50'.0, b = 61°40'.0, B = 66°06'.6$,求角 A;

(5) $a = 49°30'.2, A = 66°06'.6, B = 57°17'.3$,求边 c.

5. 某船计划从上海$(31°10'N, 122°20'E)$沿大圆弧航行至关岛$(13°30'N, 144°30'E)$,求大圆航程和大圆起驶航向.

6. 在不考虑大气折射的前提下,某人站在高度为 h 米的物体上,最远能看到的距离是多少米?

第五章 观测误差理论基础

　　船舶驾驶员在航行或者锚泊值班时的主要任务之一,就是运用各种可能手段及时地测定船舶所在海区的位置(简称船位),并对其可靠性进行科学分析,作出正确的判断,以避免暗礁、沉船或浅滩等水下障碍,从而确保船舶在计划航线上安全、迅速地航行.

　　本章对后续专业课程(航海学、航海天文导航仪器等)的学习奠定了误差理论基础.

5.1　观测误差

5.1.1　误差及其产生的原因

　　1. 观测误差的概念

　　在测量工作中,由于受测量过程中客观存在的各种因素影响,一切测量结果都不可避免地带有误差.例如,对一段距离进行重复观测时,各次观测的结果总是分布在真值的附近,不可能完全相同.又如,一个平面三角形三内角之和理论上应等于$180°$,实际上,如果对这三个内角进行观测,其三内角观测值之和一般不等于$180°$,而存有差异.这种差异的产生,是因为观测值中含有观测误差.实践证明,即使在同一观测条件下,对同一量进行反复观测,所得观测值也不可能完全相同,因此绝对准确的观测是不存在的,观测误差是不可避免的.于是,研究观测误差的内在规律,对带有误差的观测数据进行数学处理并评定其精确程度等,就成为测量工作中需要解决的重要实际问题.

　　对未知量进行测量所获得的数值称为观测值.

　　观测值与未知量真值的差异称为误差,即$\Delta = l - X$,其中l为观测值,X为真值,Δ称为误差(真误差).

改正量 Δ' 的定义：$\Delta' = X - l$，用以修正误差．显然，误差与改正量是绝对值相等，符号相反的两个量．

在航海上，由于传统习惯，往往把大多数航海所涉及的改正量称为"差"，如罗经差、磁差、天文钟差等．

2. 误差产生的原因

仪器、外界条件和人这三个因素是误差产生的主要原因，主要有客观和主观原因．

（1）客观原因

① 测量工具不够精密，如观测仪器不精密或有误差，作图比例尺寸大等；

② 观测环境的影响，如风力、水流、光线、湿度、气压或温度的变化等．

（2）主观原因

① 人为的因素，如感官上的缺陷、仪器的安置、视力的下降、动态测量记录信号时人们的滞后倾向等，同时还存在着照准和读取读数的偏差以及计算中的凑整误差；

② 测量方法不尽准确，如测量距离不是直线，测量水平夹角时两物标不在同一水平面上等；

③ 人为过失，如工作过程的疲劳程度，不够敬业，对工作有情绪等．

由于误差产生是不可避免，了解了误差产生的原因，在实际工作中，为了得到可靠的结果，往往要作多次重复观测，进而最大限度地消除误差，避免出现大误差，以削弱误差对观测结果的影响．

5.1.2　观测误差的分类

观测误差由于产生的原因不同，又分为两类，即系统误差和随机误差（偶然误差）．

1. 系统误差

是一种服从于某一确定规律的误差．当测者、观测对象、观测条件不变时，其大小、符号都固定不变（称常量误差或固定误差）；当条件变化时，则按特定规律或随某种函数关系变化．

如罗经差导致了方位差和航向差，或是由于仪器的缺陷或安装不合理而产生的误差等等．系统误差可以通过适当的措施予以消除，或预先测定加以改正，以减小到允许范围，至少应使其对观测结果的影响远远小于随机误差的影响,但在实际工作中,完全消除系统误差是不可能的,剩余小的系统误差可以把它当作随机误差来处理.

2. 随机误差(偶然误差)

在相同观测条件下,个体误差的符号和绝对值的大小不确定,不服从于任何规律,这类误差称为随机误差或偶然误差. 但随着观测次数的增多,随机误差服从于一定的统计规律,且观测次数越多,这种规律性越明显.

如船舶的摇摆、光线的亮度、人的感官缺陷、观测的水平和疲劳程度等,随机误差的大小和符号不可预测也不可避免,因此不能消除和改正,但是可以根据统计学的规律并利用相应的误差处理方法来减少其对观测结果的影响.

在观测中或在处理观测数据中,除了产生系统误差和随机误差之外,还可能由另一种原因导致不正确的结果,即由于观测方法的谬误或者由于观测者的疏忽、粗心大意或其他错误等过失而产生的误差,我们称这类误差为粗差或过失误差. 它本质上不属于误差范围,粗差可以通过重复观测和检核得以纠正. 在航海实际工作中,粗差比上述两种误差的危害性要严重得多,不允许存在,应剔除.

练习题 5.1

1. 误差产生的原因有哪些?
2. 误差分为哪几类?
3. 如何处理粗差?

5.2 随机误差的衡量尺度及其特性

5.2.1 随机误差的统计规律性

从单个偶然误差来看,其出现的符号和大小没有一定的规律性,但对大量的随机误差进行统计分析,就能发现规律性,并且误差个数越多,规律性越明显.

例如,在相同观测条件下观测了 358 个三角形的全部内角,由于观测值含有随机误差,故平面三角形内角之和不一定等于真值$180°(n = 358)$.

表 5.2.1

误差区间 dΔ	负误差		正误差		合计	
	个数 k	频率 k/n	个数 k	频率 k/n	个数 k	频率 k/n
$0'' \sim 3''$	45	0.126	46	0.128	91	0.254
$3'' \sim 6''$	40	0.112	41	0.115	81	0.227
$6'' \sim 9''$	33	0.092	33	0.092	66	0.184
$9'' \sim 12''$	23	0.064	21	0.059	44	0.123
$12'' \sim 15''$	17	0.047	16	0.045	33	0.092
$15'' \sim 18''$	13	0.036	13	0.036	26	0.072
$18'' \sim 21''$	6	0.017	5	0.014	11	0.031
$21'' \sim 24''$	4	0.011	2	0.006	6	0.017
$> 24''$	0	0	0	0	0	0
$\sum$	181	0.505 ·	177	0.495	358	1.00

从表中可以看出,该组误差的分布表现出如下规律:小误差比大误差出现的频率高,绝对值相等的正、负误差出现的个数和频率相近,最大误差的绝对值不超过 24″.

大量的观测结果表明,在一定的观测条件下,随机误差具有下列的特性:

(1) 随机误差的绝对值不会超过一定的限度(有界性);

(2) 绝对值小的误差比绝对值大的误差出现的次数多(单峰性);

(3) 绝对值相等的正误差和负误差出现的机会几乎相等(对称性);

(4) 当观测次数无限增加时,随机误差的算术平均值趋近于零(抵偿性),即

$$\lim_{n \to \infty} \frac{\Delta_1 + \Delta_2 + \cdots + \Delta_n}{n} = 0.$$

由特性(1)、(2)、(3)可推出了特性(4),特性(4)具有实用意义.

用频率直方图可以直观地表示随机误差的分布情况.用表 5.2.1 的数据,以误差大小为横坐标,以频率 $\frac{k}{n}$ 与区间 dΔ 的比值为纵坐标,如图 5.2.1 所示.

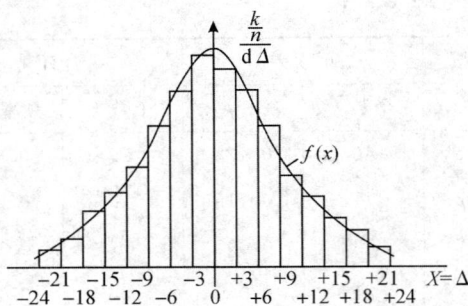

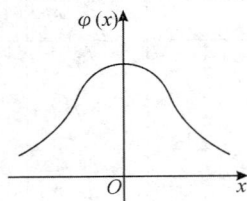

图 5.2.1   图 5.2.2

可以设想,当误差个数 $n \to \infty$,同时又无限缩小误差区间 $\mathrm{d}\Delta$,则图 5.2.1 中各矩形顶点的折线就成为一条光滑的曲线,该曲线称为误差分布曲线,如图 5.2.2 所示.

高斯等人从概率论和随机误差的统计规律性推出,当观测(实验)次数无限时,随机误差服从标准正态分布,即误差分布曲线就是标准正态分布曲线,其函数为:

$$y = f(\Delta) = \frac{1}{\sqrt{2\pi}\sigma}\mathrm{e}^{-\frac{\Delta^2}{2\sigma^2}} \tag{5.2.1}$$

其中,Δ 为随机误差;σ 为标准差.

从误差分布曲线分析可知:

(1)曲线关于 y 轴对称,说明绝对值相等的正误差和负误差出现的机会几乎相等.由于对称性,故随机误差的算术平均值趋近于零.因此,多次重复观测所得的算术平均值要比单一观测值接近真值,即观测值的算术平均值要比单一观测值的精度更高.

(2)在 $\Delta = 0$ 处,曲线 $f(\Delta)$ 有一高峰值 $\frac{1}{\sqrt{2\pi}\sigma}$,随后同时向两边递减,点 $(\pm\sigma, \frac{1}{\sqrt{2\pi}\sigma}\mathrm{e}^{-\frac{1}{2}})$ 是曲线的拐点,递减到接近横轴的上方,并以横轴为渐近线,说明绝对值小的误差出现的次数多且随机误差的绝对值不会超过一定的限度.由此,虽然真值是未知数,但可以大致判断出真值所在的范围;同时,在航海实际工作中,若只进行一次观测时,只要观测是认真细致的,仪器工作是正常的,就可认为该观测值是可靠的.

5.2.2　随机误差的衡量尺度

1. 概念

（1）精度:指一组随机误差分布的密集与离散的程度;

（2）准确度:指观测值与真值的符合程度;

（3）等精度观测:指在相同的条件下进行的多次重复观测,如同一测者,条件不变,同一仪器和同一观测方法等.

误差和精度都是用来描述观测结果的可信赖程度.误差是反映观测值偏离真值的程度,精度是反映观测值接近真值的程度,两者在本质上是相同的.误差越小,精度越高;误差越大,精度越低.

2. 公式

为了衡量一组观测值精度的高低,需要确定衡量观测值精度高低的公式,这些公式就是随机误差的衡量尺度.

（1）标准误差（均方误差）σ

在一定的观测条件下,误差平方平均值的开方的极限,称为标准误差,或称均方误差,简称标准差（也可称为单一观测精度）.

设 n 次观测值为 $l_1, l_2, \cdots, l_n$,真值为 X,真误差 $\Delta_i = l_i - X (i = 1, 2, \cdots, n)$,则标准差为

$$\sigma = \pm \lim_{n \to \infty} \sqrt{\frac{[\Delta^2]}{n}},$$

其中,$[\ ]$ 为高斯求和符号,即 $[\Delta^2] = \sum_{i=1}^{n} \Delta_i^2$.

在实际工作中,观测的次数不可能是无穷多,因此,通常定义标准差为

$$\sigma = \pm \sqrt{\frac{[\Delta^2]}{n}}. \tag{5.2.2}$$

它能如实反映误差的存在,较大的误差可以明显反映出来,且数值较稳定.标准误差是较理想的误差衡量尺度.

（2）平均误差 θ

在一定的观测条件下,误差绝对值的平均值,称为平均误差,即

$$\theta = \frac{[|\Delta|]}{n}. \tag{5.2.3}$$

（3）中央误差（或然误差）ρ

107

概率等于 50% 的误差界限的误差,称为中央误差(或然误差).中央误差 ρ 是这样确定的:将一列观测误差按绝对值的大小排列,当误差的个数为奇数时,取位于中间的误差值作为 ρ;当误差的个数为偶数时,则取位于中间的两个误差的平均值作为 ρ.

设 n 次观测值为 $l_1,l_2,\cdots,l_n$,真值为 X,真误差 $\Delta_i = l_i - X(i=1,2,\cdots,n)$,令 $\delta_i = |\Delta_j|(1 \leqslant j \leqslant n)$,且满足 $\delta_1 \leqslant \delta_2 \leqslant \cdots \leqslant \delta_n$,则有

$$\rho = \begin{cases} \delta_{\frac{n+1}{2}} & n\text{ 为奇数} \\ \dfrac{\delta_{\frac{n}{2}} + \delta_{\frac{n}{2}+1}}{2} & n\text{ 为偶数} \end{cases}. \tag{5.2.4}$$

标准差相对于其他衡量尺度有如下优点:

(1) 它永远不会等于零,如实反映出绝对精确的观测是不存在的;

(2) 它与取正负无关,表明误差与其本身符号无关,因为反映观测质量主要是看误差绝对值的大小;

(3) 较大误差平方后,其影响更突出,说明较大误差的存在是观测精确与否的关键;

(4) 数值比较稳定,特别是观测次数较多时,多一次少一次结果变化不大.

在航海上工作中,一般以标准差作为观测精度的评价标准.

3. 标准误差与平均误差、中央误差的关系

(1) 平均误差与标准误差的关系

$$\theta = \sqrt{\frac{2}{\pi}}\sigma \approx 0.7979\sigma = \frac{4}{5}\sigma; \sigma = \sqrt{\frac{\pi}{2}}\theta \approx 1.2533\theta = \frac{5}{4}\theta.$$

(2) 中央误差与标准误差的关系

$$\rho \approx 0.6745\sigma = \frac{2}{3}\sigma; \sigma \approx 1.4826\rho = \frac{3}{2}\rho.$$

5.2.3 随机误差的概率

在 5.2.1 里,已知随机误差的概率服从正态分布,为此,可以通过公式计算出随机误差落在不同区间里的概率.公式是

$$P(-a < \Delta < a) = \frac{1}{\sqrt{2\pi}\sigma}\int_{-a}^{a} e^{-\frac{\Delta^2}{2\sigma^2}}\,d\Delta. \tag{5.2.5}$$

下表列出几个有代表性的随机误差与概率的关系.

第五章　观测误差理论基础

表 5.2.2

$|\Delta|$	误差落入区间	误差落在该区间的概率
$\rho = 0.6745\sigma$	$(-\rho,\rho)$	0.5
$\theta = 0.7979\sigma$	$(-\theta,\theta)$	0.545
σ	$(-\sigma,\sigma)$	0.683
2σ	$(-2\sigma,2\sigma)$	0.954
3σ	$(-3\sigma,3\sigma)$	0.997

标准差 σ 不表个别误差的大小,它的数值表示误差分布的离散程度.从上表可以看出,标准差 σ 越小,表示该观测组中绝对值较小的误差多,说明该组观测值的精度高.由于随机误差落入三倍标准差 $(-3\sigma,3\sigma)$ 内的概率为 99.7%,表示在 1000 个误差中,只有不超过 3 个的误差落在三倍 $\sigma(3\sigma)$ 外,这是小概率事件,在一组只有几次的观测里几乎不可能出现.因此,通常以三倍标准差 3σ 作为随机误差的极限,并称为极限误差,记为 $\Delta_{限}$,即 $\Delta_{限}=3\sigma$.而绝对值大于 3σ 的误差均被视为粗差,在精度要求较高时,也可将 2σ 作为极限误差,其概率为 95.4%.

航海上以 2σ 作为极限误差 $\Delta_{限}$,将数值超过 2σ 的误差作为粗差,不容许有超过 2σ 的误差.

例1 有两组观测值的随机误差如下:

(1) $+3,-4,-3,+4,-5,-2,+3,+3,-4,+5$;

(2) $-1,0,+12,0,-1,-10,+1,0,+1,-10$.

解 $\theta_1 = \dfrac{3+4+3+4+5+2+3+3+4+5}{10} = 3.6$;

$$\theta_2 = \frac{1+0+12+0+1+10+1+0+1+10}{10} = 3.6.$$

显然,第二组的观测精度较差,因为其中有的误差很大.可是两组观测值的平均误差 θ 却相同,因而用平均误差 θ 就不能很好地表达出两组观测值的精度.

但是,若采用标准差 σ 来衡量两组的观测精度,就能够区别出该两组观测值的精度好坏.

$$\sigma_1 = \pm\sqrt{\frac{3^2+4^2+3^2+4^2+5^2+2^2+3^2+3^2+4^2+5^2}{10}}$$

$$=\pm\sqrt{13.8}=\pm3.7;$$

$$\sigma_2=\pm\sqrt{\frac{1^2+0^2+12^2+0^2+1^2+10^2+1^2+0^2+1^2+10^2}{10}}$$

$$=\pm\sqrt{34.8}=\pm5.9.$$

本例说明,标准差愈小,即表示在该观测值中绝对值较小的误差愈多;在测量次数有限的条件下,标准差能够较好地反映出大误差的影响,而大误差对观测结果的可靠程度是最不利的,所以采用标准差作为衡量精度的指标是比较合理的.

注:在 n 为有限次的情况下,求得的 σ,与当 $n\to\infty$ 时求得的 σ 有差异; n 愈大,则这一差异愈小.

练习题 5.2

1. 可以用来作为随机误差的衡量尺度的有哪些?随机误差的特性有哪些?均方误差的优点有哪些?

2. 设对某角度观测 10 次,求得真误差分别是:

$0'.1,-0'.3,0'.5,-0'.2,-0'.4,-0'.6,-0'.5,0'.3,-0'.2,0'.7,$

(1)求该观测组的标准差;

(2)用前七次观测值计算观测组的标准差;

(3)比较所求的两个标准误差,可以说明什么?

(4)求该观测组的平均误差;

(5)求该观测组的中央误差.

3. 对某一基线进行丈量,结果是:75.41、75.34、75.27、75.28、75.23、75.39、75.46、75.25,设真值为 75.30,求:

(1)标准差;(2)平均误差;(3)中央误差.

4. 对某一物标观测 100 次,其标准差都是 $\pm3\ cm$,

(1)误差在 $-3\sim6\ cm$ 之间的估计有多少次;

(2)误差在 $-9\sim3\ cm$ 之间的估计有多少次;

(3)误差绝对值小于 $3\ cm$ 之间的估计有多少次;

(4)误差绝对值小于 $6\ cm$ 之间的估计有多少次.

5.3　函数的标准误差

在实际问题中,未知量的值经常是由观测值间接计算出来的,即未知量是观测值的某种函数.例如:如图5.3.1,$z = x + y$,就是利用观测值 x 和 y 的标准差直接得出未知量 z 的标准差.

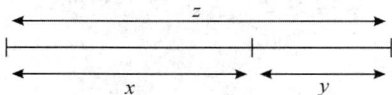

图 5.3.1

5.3.1　和数与差数

设未知量为观测值 x 与 y 的和(差)数,即 $z = x \pm y$.

设 $z = x \pm y$,x 和 y 的标准差为 σ_x 和 σ_y,则 z 的标准差为

$$\sigma_z^2 = \sigma_x^2 + \sigma_y^2. \tag{5.3.1}$$

证明　将 x、y、z 视为真值,令 x、y 和 z 的真误差分别为 $\triangle x$、$\triangle y$ 和 $\triangle z$,则有 $\triangle z = l_z - z$,$\triangle y = l_y - y$,$\triangle x = l_x - x$,由于观测值之间有关系:$l_z = l_x \pm l_y$,所以得 $z + \triangle z = (x + \triangle x) \pm (y + \triangle y)$,即 $\triangle z = \triangle x \pm \triangle y$.

设对 x 进行 k 次测量,得到 k 个观测值的真误差;同样对 y 进行 n 次测量,得到 n 个观测值的真误差,则对任一个 $\triangle x_i$ 和 $\triangle y_j$ 的和(差)可以组成 $k \cdot n$ 个如下关系:

$$\triangle z_{11} = \triangle x_1 \pm \triangle y_1, \triangle z_{12} = \triangle x_1 \pm \triangle y_2, \cdots, \triangle z_{1n} = \triangle x_1 \pm \triangle y_n,$$
$$\triangle z_{21} = \triangle x_2 \pm \triangle y_1, \triangle z_{22} = \triangle x_2 \pm \triangle y_2, \cdots, \triangle z_{2n} = \triangle x_2 \pm \triangle y_n,$$
$$\vdots$$
$$\triangle z_{k1} = \triangle x_k \pm \triangle y_1, \triangle z_{k2} = \triangle x_k \pm \triangle y_2, \cdots, \triangle z_{kn} = \triangle x_k \pm \triangle y_n.$$

以上 $k \cdot n$ 个式子等号两边平方,求总和,得

$$\sum_{i=1}^{k} \sum_{j=1}^{n} \triangle z_{ij}^2 = n \sum_{i=1}^{k} x_i^2 \pm 2 \sum_{i=1}^{k} \sum_{j=1}^{n} \triangle x_i \triangle y_j + k \sum_{j=1}^{n} \triangle y_j^2,$$

上式两边除以 $k \cdot n$,得

$$\frac{1}{k \cdot n} \sum_{i=1}^{k} \sum_{j=1}^{n} \triangle z_{ij}^2 = \frac{1}{k} \sum_{i=1}^{k} x_i^2 \pm 2 \frac{1}{k \cdot n} \sum_{i=1}^{k} \sum_{j=1}^{n} \triangle x_i \triangle y_j + \frac{1}{n} \sum_{j=1}^{n} \triangle y_j^2,$$

由标准误差的公式 $\sigma = \pm \sqrt{\dfrac{[\triangle^2]}{n}}$ 推出:

$$\sigma_z^2 = \sigma_x^2 \pm 2 \frac{1}{k \cdot n} \sum_{i=1}^{k} \sum_{j=1}^{n} \triangle x_i \triangle y_j + \sigma_y^2.$$

111

等式右边中间项是误差的算术平均值,由随机误差特性知道,当 k 和 n 很大时,第二项趋近于 0,所以有:$\sigma_z{}^2 = \sigma_x{}^2 + \sigma_y{}^2$.

推论 1　设 $z = x \pm y \pm u \pm \cdots \pm t$,则有

$$\sigma_z^2 = \sigma_x^2 + \sigma_y^2 + \cdots + \sigma_t^2. \tag{5.3.2}$$

即:自变量代数和的标准差的平方等于自变量标准差平方的和.

推论 2　在 n 次等精度观测中,即 $\sigma_x = \sigma_y = \sigma_u = \cdots = \sigma_t = \sigma$,则有

$$\sigma_z = \sqrt{n}\sigma, \tag{5.3.3}$$

由公式(5.3.2)可推得.

可见,若加减项越少,则其代数和的误差也就越小. 因此,若观测一个物标必须分开测量时,把它分三份不如分成 2 份精确.

5.3.2　倍数

设 $z = kx$,则有

$$\sigma_z = k\sigma_x. \tag{5.3.4}$$

证明　将 x 和 z 视为真值,令 x 和 z 的真误差分别为 Δx 和 Δz,同理可得 $\Delta z = k\Delta x$.

设对 x 进行 n 次测量,得到 n 个观测值的真误差,则有

$$\Delta z_1 = k\Delta x_1, \Delta z_2 = k\Delta x_2, \cdots, \Delta z_n = k\Delta x_n,$$

将各式平方后相加,再除以 n,得

$$\frac{\Delta z_1^2 + \Delta z_2^2 + \cdots + \Delta z_n^2}{n} = \frac{k^2 \Delta x_1^2 + k^2 \Delta x_2^2 + \cdots + k^2 \Delta x_n^2}{n},$$

即 $\sqrt{\dfrac{[\Delta z^2]}{n}} = \pm k \sqrt{\dfrac{[\Delta x^2]}{n}}$,所以 $\sigma_z = k\sigma_x$.

即:数乘自变量的标准差等于数与自变量的标准差的乘积.

例 1　设(1)$z = 2x, \sigma_x = \pm 0.3$;(2)$z = x_1 + x_2, \sigma_z = \sigma_{x_1} = \sigma_{x_2}$. 求两种情况下 z 的标准差.

解　(1)$\sigma_z = 2\sigma_x = \pm 0.6$;

(2) 由公式(5.3.3),得 $\sigma_z = \pm 0.3 \times \sqrt{2} \approx \pm 0.42$(和数的精度比倍数高).

例 2　在 1:1000 地形图上,测得两点间长度 $l = (168.5 \pm 0.2)$mm,计算出该两点实地距离 S 及其标准误差 σ_S.

解　由题意得,$S = 1000l \approx 168.5$ m,利用公式(5.3.4),有

$$\sigma_S = 1000\sigma_l = 1000 \times (\pm 0.2)\ \text{mm} = \pm 200\ \text{mm} = \pm 0.2\ \text{m},$$

所以 $S = 168.5\text{m} \pm 0.2\text{m}.$

5.3.3 线性函数

设 $z = k_1 x_1 + k_2 x_2 + \cdots + k_n x_n$,则有

$$\sigma_z^2 = k_1^2 \sigma_{x_1}^2 + k_2^2 \sigma_{x_2}^2 + \cdots + k_n^2 \sigma_{x_n}^2. \qquad (5.3.5)$$

即:数乘自变量的代数和的标准差平方等于数与自变量的标准差的乘积的平方和. 可见,和(差)数是线性函数的特殊情形.

例3 设有某线性函数 $z = \dfrac{4}{14}x_1 + \dfrac{9}{14}x_2 + \dfrac{1}{14}x_3$,其中 x_1, x_2, x_3 分别为独立观测值,它们的标准差分别为 $\sigma_{x_1} = \pm 3\ \text{mm}$,$\sigma_{x_2} = \pm 2\ \text{mm}$,$\sigma_{x_3} = \pm 6$ mm,求 z 的标准误差.

解 由公式(5.3.5)得

$$\sigma_z^2 = \left(\frac{4}{14}\right)^2 \sigma_{x_1}^2 + \left(\frac{9}{14}\right)^2 \sigma_{x_2}^2 + \left(\frac{1}{14}\right)^2 \sigma_{x_n}^2 = \left(\frac{4}{14}\right)^2 \times 9 + \left(\frac{9}{14}\right)^2 \times 4 + \left(\frac{1}{14}\right)^2 \times 36$$

$$\approx 2.57,$$

所以 $\sigma_z \approx 1.6\text{mm}.$

5.3.4 一般函数

设函数 $z = f(x_1, x_2, \cdots, x_n)$,其中 $x_1, x_2, \cdots, x_n$ 为独立自变量,它们的标准差分别是 $\sigma_{x_1}, \sigma_{x_2}, \cdots, \sigma_{x_n}$. 当 $x_1, x_2, \cdots, x_n$ 有真误差 $\Delta x_1, \Delta x_2, \cdots, \Delta x_n$ 时,函数 z 产生真误差 Δz. 由导数的定义和级数的知识,可得

$$\Delta z = f(x_1 + \Delta x_1, x_2 + \Delta x_2, \cdots, x_n + \Delta x_n) - f(x_1, x_2, \cdots, x_n)$$

$$= \frac{\partial f}{\partial x_1}\Delta x_1 + \frac{\partial f}{\partial x_2}\Delta x_2 + \cdots + \frac{\partial f}{\partial x_n}\Delta x_n,$$

其中,$\dfrac{\partial f}{\partial x_k}(k = 1, 2, \cdots, n)$ 表示函数 $z = f(x_1, x_2, \cdots, x_n)$ 对第 k 个独立自变量 x_k 的偏导数的值,它是常数. 从公式(5.3.5)可得:

$$\sigma_z^2 = \left(\frac{\partial f}{\partial x_1}\right)^2 \sigma_{x_1}^2 + \left(\frac{\partial f}{\partial x_2}\right)^2 \sigma_{x_2}^2 + \cdots + \left(\frac{\partial f}{\partial x_n}\right)^2 \sigma_{x_n}^2, \qquad (5.3.6)$$

即:一般函数标准差的平方等于该函数对每个自变量的偏导数值与其对应自变量标准差之积的平方和.

练习题 5.3

1. 天文船位线截距 $Dh = 3h_i - 2h_c$,设 h_i 是通过 5 次观测而得的天体高度,其标准误差为 $\pm 0'.5$,h_c 通过计算而得,其标准误差为 $\pm 0'.3$,求截距的标准误差.

2. 如图 5.3.2 所示,$\angle BAC$ 由两个方位(由真北顺时针量到物标方向)之差求得,设 B 和 C 的方位是在等精度条件下测得,其标准误差 $\sigma = \pm 3'.0$,试求 $\angle BAC$ 的标准误差.

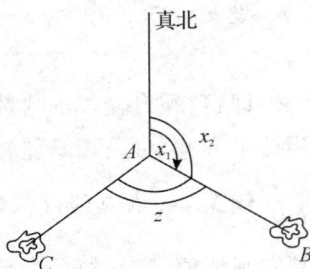

3. 已知用肉眼对侧角的分辨率为 α,正常人单一侧角标准差为 $\sigma_\alpha = \pm 0'.8$. 为提高侧角分辨率,在六分仪上都配有望远镜,用望远镜的

图 5.3.2

侧角分辨率 $\gamma = \dfrac{\alpha}{k}$($k$ 为望远镜放大倍数). 已知望远镜的放大率为 $k = 5$ 倍,求望远镜的单一侧角标准误差.

4. 设有某线性函数 $z = \dfrac{1}{8}x_1 + \dfrac{3}{8}x_2 + \dfrac{1}{2}x_3$,其中 x_1, x_2, x_3 分别为独立观测值,它们的标准差分别为 $\sigma_{x_1} = \pm 2\,\mathrm{mm}$,$\sigma_{x_2} = \pm 1\,\mathrm{mm}$,$\sigma_{x_3} = \pm 3\,\mathrm{mm}$,求 z 的标准误差.

5. 设有函数 $z = \dfrac{1}{3}x_1 + \dfrac{5}{6}x_2 - \dfrac{1}{6}x_3$,其中 x_1, x_2, x_3 分别为独立观测值,它们的标准差分别为 $\sigma_{x_1} = \pm 2\,\mathrm{mm}$,$\sigma_{x_2} = \pm 1\,\mathrm{mm}$,$\sigma_{x_3} = \pm 3\,\mathrm{mm}$,求 z 的标准误差.

5.4　最或是值及其残差

5.4.1　最或是值

在一般的观测中,真值是未知的. 所以,观测时总是对同一量进行反复多次观测,以求得最可靠结果,即最或是值. 那么,最或是值应该取什么结果呢?

设真值为 X,观测值为 $l_1, l_2, \cdots, l_n$,真误差为
$$\Delta_1 = l_1 - X, \Delta_2 = l_2 - X, \cdots, \Delta_n = l_n - X,$$

将真误差相加,得到:

$$[\Delta] = [l] - nX,$$

两边除以 n 得到:

$$\frac{[\Delta]}{n} = \frac{[l]}{n} - X = \bar{x} - X(令 \bar{x} = \frac{[l]}{n}),$$

当观测次数 $n \to \infty$ 时,$\lim\limits_{n \to \infty} \dfrac{[\Delta]}{n} = 0$,所以 $\bar{x} - X = 0$,即:$\bar{x} = X.$

可见,当观测次数 $n \to \infty$ 时,算术平均值 $\bar{x}$ 就是真值. 但在实际工作中,观测无穷多次是不可能的,因此真值不可能获得,但是经过有限次观测得到的算术平均值 $\bar{x}$ 与真值只差一个小量,此时随机误差的影响已经被削弱了,它很接近于真值,是该量的最可靠值. 因此,算术平均值就是观测的最或是值. 计算公式为:

$$\bar{x} = \frac{[l]}{n}. \tag{5.4.1}$$

最或是值 $\bar{x}$ 的真误差为 $\Delta_{\bar{x}} = \dfrac{[\Delta]}{n}.$

5.4.2　最或是值的精度

设最或是值的标准差为 $\sigma_{\bar{x}}$,在等精度观测中:$\sigma_{l_1} = \sigma_{l_2} = \cdots = \sigma_{l_n} = \sigma$,而 $\bar{x} = \dfrac{l_1}{n} + \dfrac{l_2}{n} + \cdots + \dfrac{l_n}{n}$ 是线性函数,由公式(5.3.5) 得:

$$\sigma_{\bar{x}}^2 = \frac{1}{n^2}\sigma^2 + \frac{1}{n^2}\sigma^2 + \cdots + \frac{1}{n^2}\sigma^2 = \frac{1}{n}\sigma^2,$$

所以,最或是值的标准差为

$$\sigma_{\bar{x}} = \frac{\sigma}{\sqrt{n}}. \tag{5.4.2}$$

因为 $\sigma = \pm\sqrt{\dfrac{[\Delta^2]}{n}}$,所以最或是值的标准差(或称为最或是值精度) 也可以是

$$\sigma_{\bar{x}} = \pm\frac{\sqrt{[\Delta^2]}}{n}. \tag{5.4.3}$$

即:最或是值的标准差是单一观测标准差的 $\dfrac{1}{\sqrt{n}}$ 倍,也就是说,最或是值的精度是单一观测精度的 $\sqrt{n}$ 倍,这里 n 为观测次数.

5.4.3 残差及其特性

1. 定义

我们把每一观测值与算术平均值之差,称为残差,记作 v,即 $v = l - \bar{x}$.

设一组的观测值为 $l_1, l_2, \cdots, l_n$,算术平均值为 $\bar{x}$,则残差为:

$$v_i = l_i - \bar{x} \quad (i = 1, 2, \cdots, n).$$

2. 特性

(1) 任何一列等精度观测值,其残差之和为 0,即 $[v] = 0$.

因为 $v_i = l_i - \bar{x} (i = 1, 2, \cdots, n)$,且 $\bar{x} = \dfrac{[l]}{n}$,所以 $[v] = [l_i] - n\bar{x} = 0$.

(2) 任何一列等精度观测值,其残差的平方和最小.

设一组的观测值为 $l_1, l_2, \cdots, l_n$,算术平均值为 $\bar{x}$,c 为非 $\bar{x}$ 的任一个数,令 $u = l - c$,则有 $v_i = l_i - \bar{x}, u_i = l_i - c, (i = 1, 2, \cdots, n)$,将两式相减,令 $\varepsilon = \bar{x} - c$,得

$$u_i = v_i + \bar{x} - c = v_i + \varepsilon,$$

将上式平方后相加,得

$$[u^2] = [v^2] + 2\varepsilon[v] + n\varepsilon^2 = [v^2] + n\varepsilon^2 > [v^2].$$

由于 c 为任一个数,所以 $[v^2]$ 为最小值.

残差的以上两个特性,也是任何数与它们的算术平均值之差的数字特征.

练习题 5.4

1. 最或是值的精度与单一观测精度有什么关系?

2. 什么是残差?残差具有什么特性?

3. 随机误差能被消除吗?

4. 设观测某物标的精度为 $\sigma = \pm 1'.8$,在等精度状态下,要使观测结果的精度达到 $\pm 0'.6$,试问至少要观测几次进行平均?

5. 一次观测太阳高度的标准差为 $\pm 0.'2$,为了提高精度连续观测 4 次,求观测太阳高度平均值的标准差.

6. 测量一塔的高度为:(单位是 m)45.6,45.8,46.3,46.2,45.7,46.6,求该塔的最或是值.

7. 测量一物体的高度为:(单位是 m)15.3,15.8,16.0,15.5,16.3,15.6.设此物体高度的真值是 15.7,求该物体的单一观测精度和最或是值精度.

5.5 观测平差

对观测数据进行处理称为平差,也就是将一系列带有随机误差的观测值,通过合理的数学方法,计算出:

(1) 观测值的最或是值 $\overline{x}$;

(2) 单一观测的标准差或单一观测精度 σ,(非等精度观测)单位权的标准差;

(3) 最或是值的标准差或最或是值的精度 $\sigma_{\overline{x}}$.

平差分为直接观测平差、间接观测平差和条件观测平差.本节只介绍直接观测平差.

5.5.1 等精度直接观测平差

1. 标准差的实际求法

在航海实际工作中,对某一物标进行观测,通常是不知道真值.因此,真误差 Δ 也是未知的,前面所述的利用真误差 Δ 求标准差 σ 和最或是值的标准差 $\sigma_{\overline{x}}$ 的公式仅限于理论上的探讨,在实际工作中是不能用的.为了计算观测值的精度,就只能依靠残差求出标准差 σ 和最或是值的标准差 $\sigma_{\overline{x}}$.

设某一物标真值为 X,对其进行 n 次观测,观测值为 $l_1, l_2, \cdots, l_n$,算术平均值为 $\overline{x}$,则各观测值的真误差为:

$$\Delta_k = l_k - X(k = 1, 2, \cdots, n),$$

各观测值的残差为:

$$v_k = l_k - \overline{x}(k = 1, 2, \cdots, n),$$

将上面两式相减,得

$$\Delta_k = v_k + \overline{x} - X = v_k + \Delta_{\overline{x}}(k = 1, 2, \cdots, n),$$

其中 $\Delta_{\overline{x}}$ 是最或是值的真误差.

对上式两边平方后求和,得

$$[\Delta^2] = [v^2] + 2[v]\Delta_{\overline{x}} + n\Delta_{\overline{x}}^2$$

$$= [v^2] + n\Delta_{\overline{x}}^2 ([v] = 0),$$

两边同时除以 n,得

$$\frac{[\Delta^2]}{n} = \frac{[v^2]}{n} + \Delta_{\bar{x}}^2.$$

而

$$\Delta_{\bar{x}}^2 = \left(\frac{[\Delta]}{n}\right)^2 = \frac{(\Delta_1 + \Delta_2 + \cdots + \Delta_n)^2}{n^2}$$

$$= \frac{\Delta_1^2 + \Delta_2^2 + \cdots + \Delta_n^2 + (2\Delta_1\Delta_2 + \cdots + 2\Delta_1\Delta_n + 2\Delta_2\Delta_3 + \cdots + 2\Delta_{n-1}\Delta_n)}{n^2}$$

$$= \frac{[\Delta^2]}{n^2} + \frac{2}{n^2} \sum_{i=1}^{n-1} \sum_{j=i+1}^{n} \Delta_i \Delta_j.$$

由随机误差的特性,当观测次数无穷多时有,$\dfrac{2}{n^2} \sum\limits_{i=1}^{n-1} \sum\limits_{j=i+1}^{n} \Delta_i \Delta_j = 0.$

因此 $$\Delta_{\bar{x}}^2 = \frac{[\Delta^2]}{n^2},$$

所以 $$\frac{[\Delta^2]}{n} = \frac{[v^2]}{n} + \Delta_{\bar{x}}^2 = \frac{[v^2]}{n} + \frac{[\Delta^2]}{n^2}.$$

由标准差的定义,得

$$\sigma^2 = \frac{[v^2]}{n} + \frac{[\Delta^2]}{n^2} = \frac{[v^2]}{n} + \frac{\sigma^2}{n},$$

所以,单一观测的标准差或单一观测精度的公式为

$$\sigma = \pm \sqrt{\frac{[v^2]}{n-1}}. \tag{5.5.1}$$

由于 $\sigma_{\bar{x}} = \dfrac{\sigma}{\sqrt{n}}$,所以,最或是值标准差或最或是值精度的公式为

$$\sigma_{\bar{x}} = \pm \sqrt{\frac{[v^2]}{n(n-1)}}. \tag{5.5.2}$$

2. 等精度直接观测平差计算步骤

(1) 根据已知的观测数据,计算出最或是值(算术平均值)$\bar{x}$.

(2) 计算观测值的残差 v_k、残差和 $[v]$、残差的平方 v_k^2 以及残差的平方和 $[v^2]$,列出表格.

(3) 求出单一观测标准差或单一观测精度:$\sigma = \pm \sqrt{\dfrac{[v^2]}{n-1}}.$

(4) 检验粗差,若没有粗差,则进行下一步;否则将大于 2σ 的残差予以剔除,用剩下的观测值重复上述的步骤.

(5) 求出最或是值标准差或最或是值精度:$\sigma_{\bar{x}} = \dfrac{\sigma}{\sqrt{n}} = \pm \sqrt{\dfrac{[v^2]}{n(n-1)}}.$

（6）最后列出观测结果：$\bar{x} + \sigma_{\bar{x}}$.

例 1　测量一物体的高度为：（单位是 m）75.44，75.39，75.24，75.37，求该物体的最或是值及其精度.

解　$$\bar{x} = \frac{75.44 + 75.39 + 75.24 + 75.37}{4} = 75.36,$$

列表：

x	v	v^2
75.44	0.08	0.0064
75.39	0.03	0.0009
75.24	−0.12	0.0144
75.37	0.01	0.0001
$\bar{x} = 75.36$	$[v] = 0$	$[v^2] = 0.0218$

$$\sigma = \pm\sqrt{\frac{0.0218}{3}} = \pm 0.18.$$

$2\sigma = \pm 0.36$，无粗差，所以

$$\sigma_{\bar{x}} = \pm\sqrt{\frac{0.0218}{4 \times 3}} = \pm 0.043,$$

$$\bar{x} \pm \sigma_{\bar{x}} = 75.36 \pm 0.043.$$

例 2　测量一河的宽度为：（单位是 m）50.37，50.29，50.33，50.31，50.25，50.30，51.33，求该河宽度的最或是值及其精度.

解　$$\bar{x} = 50 + \frac{37 + 29 + 33 + 31 + 25 + 30 + 133}{700} = 50.45,$$

x	v	v^2	v	v^2
50.37	−0.08	0.0064	0.06	0.0036
50.29	−0.16	0.0256	−0.02	0.0004
50.33	−0.12	0.0144	0.02	0.0004
50.31	−0.14	0.0196	0.00	0.0000
50.25	−0.20	0.0400	−0.06	0.0036
50.30	−0.15	0.0225	−0.01	0.0001
51.33	0.88	0.7744		
$\bar{x} = 50.45$ $\bar{x} \approx 50.31$	$[v] = 0.03$	$[v^2] = 0.9029$	$[v] = -0.01$	$[v^2] = 0.0081$

$$\sigma = \pm \sqrt{\frac{0.9029}{6}} = \pm 0.3879.$$

$2\sigma = \pm 0.7758$,有粗差,把数据 51.33 剔除,重复上述的步骤,得

$$\overline{x} = 50 + \frac{37 + 29 + 33 + 31 + 25 + 30}{600} = 50.31,$$

$$\sigma = \pm \sqrt{\frac{0.0081}{5}} = \pm 0.04.$$

$2\sigma = \pm 0.08$,无粗差,所以

$$\sigma_{\overline{x}} = \pm \sqrt{\frac{0.0081}{6 \times 5}} = \pm 0.0164, \overline{x} \pm \sigma_{\overline{x}} = 50.31 \pm 0.0164.$$

5.5.2　非等精度直接观测平差

前面我们所介绍的内容,如标准差、平均误差、最或是值的公式等,都是在等精度观测的范围.但在航海实际工作过程,有时会遇到非等精度观测的情况,如由不同的人进行观测,使用不同的仪器或是用不同的方法等,这样得到的结果就是非等精度观测.

1. 权的概念

在对某一未知量进行非等精度观测时,各观测结果的精度也各不相同,显然各观测值便具有不同程度的可靠性.在对未知量的最可靠估值时,就不能像等精度观测那样简单地取算术平均值,因为较可靠的观测值,应对最后结果产生较大的影响.

非等精度观测值的精度可用称为观测值"权"的数值 p 来表示,且恒取正值."权"是表示某一观测结果的质量,即观测值的精度愈高,其权愈大;反之,其权愈小.

例如,对某一未知量进行了两组非等精度观测,但每组内各观测值是等精度的.设第一组观测了 4 次,观测值为:l_1, l_2, l_3, l_4;第二组观测了 3 次,观测值为:l'_1, l'_2, l'_3,且它们的单一观测精度均为 σ. 这些观测值的可靠程度都相同,每组分别取算术平均值作为最后观测结果,即

$$\overline{x}_1 = \frac{l_1 + l_2 + l_3 + l_4}{4}, \sigma_{\overline{x}_1} = \frac{\sigma}{2};$$

$$\overline{x}_2 = \frac{l'_1 + l'_2 + l'_3}{3}, \sigma_{\overline{x}_2} = \frac{\sigma}{\sqrt{3}}.$$

显然,第一组的精度比第二组的精度好,在最或是值中所占的比例就

高. 如果单纯地取 $\overline{x}_1$ 与 $\overline{x}_2$ 的算术平均值作为观测结果的最或是值是不合理的. 若将两组合为一组, 则最或是值应为:

$$\overline{x} = \frac{l_1 + l_2 + l_3 + l_4 + l'_1 + l'_2 + l'_3}{7} = \frac{4\overline{x}_1 + 3\overline{x}_2}{4 + 3}.$$

若设第一组的权为 p_1, 第二组的权为 p_2, 则它们之间的关系是:

$$p_1 : p_2 = 4 : 3,$$

且有
$$\overline{x} = \frac{p_1\overline{x}_1 + p_2\overline{x}_2}{p_1 + p_2}.$$

2. 权与标准误差的关系

一定的标准误差对应着一个确定的误差分布, 即对应着一定的观测条件. 观测值的标准误差愈小, 其值愈可靠, 权就愈大. 因此, 也可根据标准误差来定义观测值的权.

设 m 个非等精度观测值的标准误差分别为 $\sigma_1, \sigma_2, \cdots, \sigma_m$, 则权可以用下式来定义:

$$p_1 = \frac{\lambda}{\sigma_1^2}, p_2 = \frac{\lambda}{\sigma_2^2}, \cdots, p_m = \frac{\lambda}{\sigma_m^2}, \tag{5.5.3}$$

其中, λ 为任意正常数. 由上式可知, 权与标准误差的平方成反比.

注: (1) 可以任意选择 λ 值, 使得权变为易于计算的数值; 每选定一个 λ, 就得到一组权; 但在同一个问题中, λ 是唯一的.

(2) 权只有相对的意义, 起作用的不是其具体数值, 而在于其比值, 其比值不变.

在前面的例子, l_1, l_2, l_3, l_4 和 l'_1, l'_2, l'_3 是等精度观测, 观测值的标准误差分别为:

$$\sigma_{\overline{x}_1} = \frac{\sigma}{2}, \sigma_{\overline{x}_2} = \frac{\sigma}{\sqrt{3}}.$$

在公式 (5.5.3) 中分别代入 $\sigma_{\overline{x}_1}$ 和 $\sigma_{\overline{x}_2}$, 得:

$$p_1 = \frac{\lambda}{\sigma_{\overline{x}_1}^2} = \frac{4\lambda}{\sigma^2}, p_2 = \frac{\lambda}{\sigma_{\overline{x}_2}^2} = \frac{3\lambda}{\sigma^2},$$

式中 λ 为任意常数. 设 $\lambda = \sigma^2$, 则它们的权为: $p_1 = 4, p_2 = 3$.

若设 $\lambda = \frac{\sigma^2}{4}$, 则它们的权为: $p_1 = 1, p_2 = \frac{3}{4}$.

实际上, 权与标准误差有关, 同时与观测次数有关, 其关系为:

$$p_1 : p_2 : \cdots : p_m = \frac{n_1}{\sigma_1^2} : \frac{n_2}{\sigma_2^2} : \cdots : \frac{n_m}{\sigma_m^2}. \tag{5.5.4}$$

其中,n_i 为各观测组的观测次数;σ_i 为各观测组的标准差($i=1,2,\cdots,m$).

例 3　对某一未知量进行了三组非等精度观测,其标准差分别为 $\sigma_1=\pm 3'.0,\sigma_2=\pm 5'.0,\sigma_3=\pm 2'.0$,求它们的权.

解　由公式(5.5.3)得,

$$p_1=\frac{\lambda}{\sigma_1^2}=\frac{\lambda}{9},p_2=\frac{\lambda}{\sigma_2^2}=\frac{\lambda}{25},p_3=\frac{\lambda}{\sigma_3^2}=\frac{\lambda}{4},$$

令 $\lambda=1$,则 $p_1=\frac{1}{9},p_2=\frac{1}{25},p_3=\frac{1}{4}$.

例 4　对某一物标进行了 n 次观测,求算术平均值的权.

解　设单一观测的标准误差为 σ,算术平均值的标准误差为 $\sigma_{\bar{x}}=\frac{\sigma}{\sqrt{n}}$.

由权的定义并设 $\lambda=\sigma^2$,则单一观测的权为:

$$p=\frac{\lambda}{\sigma^2}=1,$$

算术平均值的权为:$p_{\bar{x}}=\frac{\lambda}{\sigma_{\bar{x}}^2}=\frac{n\sigma^2}{\sigma^2}=n.$

由此可知,若取单一观测的权为 1,则 n 个观测的算术平均值的权为 n,即算术平均值的权是单一观测的权的 n 倍.在非等精度观测中引入"权"的概念,可以建立各观测值之间的精度比值,以便更合理地处理观测数据.

3. 单位权

等于 1 的权称为单位权,使权等于 1 的标准误差称单位权标准误差,一般用 σ_0 表示.

设某单一观测的标准误差为 σ_0,其权为 p_0,若设 $\lambda=\sigma_0^2$,则有:

$$p_0=\frac{\lambda}{\sigma_0^2}=1.$$

对于其他标准误差为 σ_i 的观测值,其权 p_i 为:

$$p_i=\frac{\sigma_0^2}{\sigma_i^2}(i=1,2,\cdots,m),\tag{5.5.5}$$

所以,有 $p_1:p_2:\cdots:p_m=\frac{1}{\sigma_1^2}:\frac{1}{\sigma_2^2}:\cdots:\frac{1}{\sigma_m^2}$.

相应的有标准误差的另一表达式:

$$\sigma_i=\frac{\sigma_0}{\sqrt{p_i}}(i=1,2,\cdots,m).\tag{5.5.6}$$

当每一组的观测次数 n 一样时,有

$$p_1 : p_2 : \cdots : p_m = \frac{1}{[v^2]_1} : \frac{1}{[v^2]_2} : \cdots : \frac{1}{[v^2]_m}, \qquad (5.5.7)$$

因为 $p_1 : p_2 : \cdots : p_m = \dfrac{1}{\sigma_1^2} : \dfrac{1}{\sigma_2^2} : \cdots : \dfrac{1}{\sigma_m^2}$

$$= \frac{1}{\left(\pm\sqrt{\dfrac{[vv]_1}{n-1}}\right)^2} : \frac{1}{\left(\pm\sqrt{\dfrac{[vv]_2}{n-1}}\right)^2} : \cdots :$$

$$\frac{1}{\left(\pm\sqrt{\dfrac{[vv]_m}{n-1}}\right)^2}$$

$$= \frac{1}{[v^2]_1} : \frac{1}{[v^2]_2} : \cdots : \frac{1}{[v^2]_m}.$$

例 5　对某一未知量进行了三组非等精度观测,其标准差分别为 σ_1 $=\pm 2'.0, \sigma_2 =\pm 3'.0, \sigma_3 =\pm 5'.0$,求它们的权.

解　设第一组的权为 $p_1 = 1$,则 $\sigma_0 = \sigma_1 =\pm 2'.0$ 为单位权标准差,由公式(5.5.5)得

$$p_2 = \frac{\sigma_0^2}{\sigma_2^2} = \frac{4}{9}, p_3 = \frac{\sigma_0^2}{\sigma_3^2} = \frac{4}{25}.$$

所以,$p_1 = 1, p_2 = \dfrac{4}{9}, p_3 = \dfrac{4}{25}.$

若设第三组的权为 $p_3 = 1$,则 $\sigma_0 = \sigma_3 =\pm 5'.0$ 为单位权标准差,由公式(5.5.5)得

$$p_1 = \frac{\sigma_0^2}{\sigma_1^2} = \frac{25}{4}, p_2 = \frac{\sigma_0^2}{\sigma_2^2} = \frac{25}{9}.$$

所以,$p_1 = \dfrac{25}{4}, p_2 = \dfrac{25}{9}, p_3 = 1.$

4. 非等精度直接观测平差

设对同一未知量进行了 m 组非等精度观测,观测值为 $l_1, l_2, \cdots, l_m$,相应的权为 $p_1, p_2, \cdots, p_m$,则加权算术平均值 $\overline{x}$ 为非等精度观测值的最或是值(最可靠值),其计算公式可写为:

$$\overline{x} = \frac{[pl]}{[p]} = \frac{p_1 l_1 + p_2 l_2 + \cdots + p_m l_m}{p_1 + p_2 + \cdots + p_m}. \qquad (5.5.8)$$

校核计算式为:

$$[pv] = p_1 v_1 + p_2 v_2 + \cdots + p_m v_m = 0,$$

式中 $v_i = l_i - \overline{x}(i = 1,2,\cdots,m)$ 为残差.

注:理论上,$[pv]=0$;但在实际计算过程,可能 $[pv] \neq 0$,是由于 $\overline{x}$ 的取整所致,否则,就是计算错误.

根据误差传播定理,可得最或是值 $\overline{x}$ 的标准误差:

$$\sigma_{\overline{x}} = \pm\sqrt{\frac{[pv^2]}{(m-1)[p]}} = \pm\sqrt{\frac{p_1v_1^2 + p_2v_2^2 + \cdots + p_mv_m^2}{(n-1)(p_1 + p_2 + \cdots + p_m)}}.$$

(5.5.9)

单位权标准误差为:

$$\sigma_0 = \pm\sqrt{\frac{[pv^2]}{m-1}} = \pm\sqrt{\frac{p_1v_1^2 + p_2v_2^2 + \cdots + p_mv_m^2}{m-1}}.$$ (5.5.10)

非等精度直接观测平差的计算步骤:

(1)求出各组算术平均值的权 p_i.

(2)求出观测的最或是值 $\overline{x}$.

(3)求出各组的标准差,检查有否粗差;若没有粗差,则进行下一步;否则将大于 2σ 的残差予以剔除,用剩下的观测值重复上述的步骤.

(4)列表求出:

① 各观测组的残差;

② 各观测组的加权残差 p_iv_i 及其和 $[pv]$;

③ 各观测组的加权残差平方 $p_iv_i^2$ 及其和 $[pv^2]$;

(5)求出单位权精度 σ_0.

(6)求出加权算术平均值精度 $\sigma_{\overline{x}}$.

(7)列出观测结果.

例6 对某物标进行三组观测,第一组测了 4 次,求得算术平均值是 30.5 m;第二组测了 8 次,求得算术平均值是 29.8 m;第三组测了 12 次,求得算术平均值是 30.9m.求:

(1)该物标的最或是值;(2)单位权的标准误差;(3)最或是值的标准误差.

解 设各组的权分别为 p_1、p_2、p_3,则有 $p_1:p_2:p_3 = n_1:n_2:n_3 = 4:8:12 = 1:2:3$,取 $p_1=1,p_2=2,p_3=3$,则该物标的最或是值为

$$\overline{x} = \frac{[px]}{[p]} = \overline{x}_0 + \frac{[p\Delta x]}{[p]} = 30 + \frac{0.5\times1 - 0.2\times2 + 0.9\times3}{1+2+3} = 30.47.$$

列表:

l_i	p_i	v_i	p_iv_i	$p_iv_i^2$
30.5	1	0.03	0.03	0.0009
29.8	2	− 0.67	− 1.34	0.8978
30.9	3	0.43	1.29	0.5547
$\overline{x}=30.47$	$[p]=6$		$[pv]=-0.02$	$[pv^2]=1.4534$

所以　　　$\sigma_0=\pm\sqrt{\dfrac{[pv^2]}{m-1}}=\pm\sqrt{\dfrac{1.4534}{3-1}}=\pm0.85$;

$$\sigma_{\overline{x}}=\pm\sqrt{\frac{[pv^2]}{[p](m-1)}}=\pm\sqrt{\frac{1.4534}{6\times(3-1)}}=\pm0.35.$$

即该物标的最或是值为 30.47 m,单位权的标准误差为 ±0.85 m,最或是值的标准误差为 ±0.35 m.

例 7　由甲和乙两人对同一水平夹角进行测量,数据如下:

甲:60°30.′0,60°56.′0,60°11.′0;

乙:60°46.′0,60°38.′0,60°20.′0,60°50.′0;

求该水平夹角的最或是值及其精度.

解　　$\overline{x}_1=60°+\dfrac{0'.30+0'.56+0'.11}{3}=60°32'.3$;

$$\overline{x}_2=60°+\frac{0'.46+0'.38+0'.20+0'.50}{4}=60°38'.5.$$

列表:

$x_甲$	v_i	v_i^2	$x_乙$	v_i	v_i^2
60°30.′0	− 2.3	5.29	60°46.′0	7.5	56.25
60°56.′0	+ 23.7	561.69	60°38.′0	− 0.5	0.25
60°11.′0	− 21.3	453.69	60°20.′0	− 18.5	342.25
			60°50.′0	11.5	132.25
$\overline{x}_1=60°32'.3$	$[v]=0.1$	$[v^2]_1=$ 1020.67	$\overline{x}_2=60°38'.5$	$[v]=0$	$[v^2]_2=531$

$$\sigma_1=\pm\sqrt{\frac{1027.67}{2}}=\pm22.'67,\sigma_2=\pm\sqrt{\frac{531}{3}}=\pm13.'30,$$

因为 $2\sigma_1=\pm45.34,2\sigma_2=\pm26.60$,所以数据中无粗差.

设甲的权为 p_1，乙的权为 p_2，由公式(5.5.4)得：

$$p_1 : p_2 = \frac{n_1}{\sigma_1^2} : \frac{n_2}{\sigma_2^2} = \frac{3}{22.67^2} : \frac{4}{13.'30^2} = \frac{3}{513.93} : \frac{4}{176.89} = 0.26,$$

取 $p_1 = 0.26, p_2 = 1$，则该水平夹角的最或是值为：

$$\bar{x} = \bar{x}_0 + \frac{[p\Delta x]}{[p]} = 60°32'.3 + \frac{0.26 \times 0 + 1 \times 6.2}{0.26 + 1}$$

$$= 60°32'.3 + 4'.92 = 60°37'.22.$$

	p_i	v_i	$p_i v_i$	$p_i v_i^2$
60°32'.3	0.26	-4.92	-1.28	6.29
60°38'.5	1	1.28	1.28	1.64
$\bar{x} = 60°37'.22$	$[p] = 1.26$		$[pv] = 0$	$[pv^2] = 7.93$

最或是值(加权算术平均值)的精度：

$$\sigma_{\bar{x}} = \pm \sqrt{\frac{[pv^2]}{[p](m-1)}} = \pm \sqrt{\frac{7.93}{1.26 \times (2-1)}} = \pm 2.'5.$$

所以，该水平夹角为 $60°37'.22 \pm 2.'5$.

练习题 5.5

1. 测量一塔的高度为：(单位是 m)

　　76.37　　76.12　　76.26　　76.09　　75.91

求该塔的最或是值及其精度.

2. 用六分仪观测某角 7 次，其记录为：$47°15.'3$、$47°15.'6$、$47°15.'3$、$47°15.'5$、$47°15.'4$、$47°15.'7$、$47°15.'4$，求单一观测精确度和观测的结果.

3. 测量一小河的宽度为：(单位是 m)

　15.3　　　15.8　　　16.0　　　15.5　　　16.3　　　15.6

求该小河的单一观测精确度和观测的结果.

4. 有一组观测值：$l_1 = 38°38'.4, l_2 = 38°38'.2, l_3 = 38°38'.6, l_4 = 38°38'.7, l_5 = 38°38'.1, l_6 = 38°38'.2$，求该观测值的标准差和算术平均值的标准差.

5. 甲乙两人对某一基线进行丈量，结果如下：

甲：25.3、25.6、25.0、25.1、25.8、26.1；

乙：25.1、25.3、24.9、25.5、25.7.（单位：m）

(1) 求两人丈量的结果及精确度;(2) 两人丈量的结果哪个更好?

6. 大副、二副、三副同时对某一角度进行观测,记录如下:

大副:$\overline{x}_1 = 20°33.'0, \sigma_1 = \pm 2.'0, n_1 = 8$ 次;

二副:$\overline{x}_2 = 20°36.'0, \sigma_2 = \pm 3.'0, n_2 = 9$ 次;

三副:$\overline{x}_3 = 20°40.'0, \sigma_3 = \pm 4.'0, n_3 = 16$ 次.

其中,$\overline{x}_i$ 为每人观测的算术平均值;σ_i 为单一观测精度;n_i 为每人的观测次数($i = 1,2,3$).

求:(1) 各观测组的权;(2) 单位权的精度;(3) 该角度的最或是值及其精度.

复习题(五)

1. 简答题:

(1) 什么是等精度观测?

(2) 观测误差按其性质可分为哪几类?各有什么特点?

(3) 对于不同性质的误差应该如何处理?

(4) 可以用来作为衡量误差的尺度的有哪几种?

(5) 误差有哪些统计规律性?

(6) 一倍、二倍和三倍标准差分别是多少?

2. 标准误差的定义是( ).

(A) $\pm\sqrt{\dfrac{[\Delta\Delta]}{n-1}}$ (B) $\pm\sqrt{\dfrac{[\Delta\Delta]}{n}}$

(C) $\pm\sqrt{\dfrac{[vv]}{n-1}}$ (D) $\pm\sqrt{\dfrac{[vv]}{n}}$

3. 已知 $z = 2x$,且 $\sigma_x = \pm 1'$,则 $\sigma_z = $ _____.

4. 已知 $w = 3x - 2y$,且 $\sigma_x = \pm 0.3, \sigma_y = \pm 0.2$,则 $\sigma_w = $ _____.

5. 随机误差的特性的是( ).

(1) 数值稳定;(2) 绝对值小的误差出现的机会多;(3) 误差数值不超过一定限度;(4) 绝对值相等的正、负误差出现的机会相等;(5) 永远不为零.

(A)(1)(2)(3)(4) (B)(1)(3)(5)

(C)(3)(4)(5) (D)(2)(3)(4)

6. 下列不能用来作为随机误差的衡量尺度的是( ).

(A) 标准误差 (B) 平均误差

(C) 误差的算术平均值　　　　(D) 误差绝对值的算术平均值

7. 设 (1) $z = 2x$, $\sigma_x = \pm 3''$; (2) $z = x_1 + x_2$, $\sigma_z = \sigma_{x_1} = \sigma_{x_2}$. 求两种情况下 z 的标准误差.

8. 等精度测量一物标的长度为: (单位是 m)

$$70.8 \qquad 70.7 \qquad 70.6 \qquad 70.5 \qquad 71.8$$

求该物标长度的最或是值及其精度.

9. 二副和三副同时测量一角, 数据是:

二副: $30°15'.3$ 　　$30°15'.8$ 　　$30°16'.0$ 　　$30°15'.5$ 　　$30°15'.6$;

三副: $30°15'.1$ 　　$30°15'.6$ 　　$30°15'.8$ 　　$30°15'.2$ 　　$30°15'.3$.

求: (1) 两个观测组权的比例; (2) 单位权的精度; (3) 该角度的最或是值及其精度.

第六章　　最或是船位及误差评定

航海上,驾驶员经常观测陆标方位或距离,或者观测天体高度等来确定船位,同时根据船位误差理论的原则采用正确的方法,对一系列的数据进行处理以提高观测结果的精度.本章将研究最或是船位的基本理论和船位误差理论.

6.1　最或是船位及其误差

6.1.1　船位线

在航海定位中,测者对物标进行观测时,其观测值为常数值的点的几何轨迹,称为观测者的位置线或等值线.航海上船位位置线是指满足某一观测值为定值的点的轨迹,它是一条(或一对)等值线.在观测时刻,测者(船舶)的位置只可能在位置线上,在观测瞬间,船位位置线通常以船位线来表示,即指推算船位附近位置线的一段或位置线上某点的切线的一段.航海上常见的船位线有主要有方位船位线、距离船位线、方位差船位线、距离差船位线、天文船位线和转移船位线等.下面主要讨论方位船位线和距离船位线.

6.1.2　船位线的概念

1. 方位船位线
在近距离上,是和所观测已知位置的物标具有相同方位的点的轨迹.
(1)平面上:方位船位线是物标 M 与船位 P 两点间的直线(图 6.1.1);
(2)球面上:方位船位线是趋向极点 P_N 且通过船位 P 和物标 M 所连的恒位线(图 6.1.2).
2. 距离船位线
(1)平面上:是以物标 M 为圆心,船位与物标的距离 PM 为半径的圆;

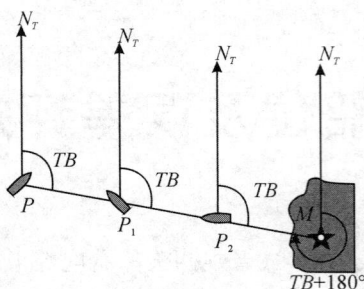

图 6.1.1

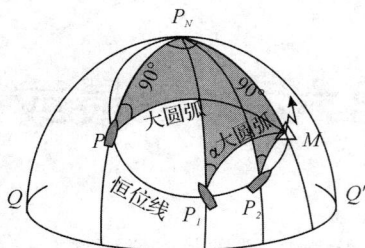

图 6.2.2

（2）球面上：是以物标 M 为极点，船位与物标的距离 PM 为极距的球面小圆.

3. 方位差船位线（水平角位置线）

在平面上，是船位 P 与两物标 M_1，M_2 所构成三角形的外接圆圆弧的一部分（图 6.1.3）.

4. 距离差船位线

是以两物标 M_1，M_2 为焦点的双曲线（图 6.1.4）.

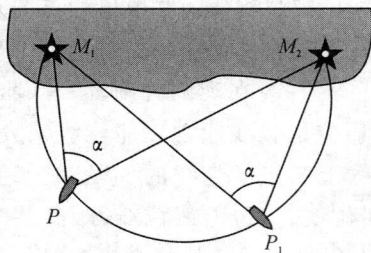

图 6.1.3

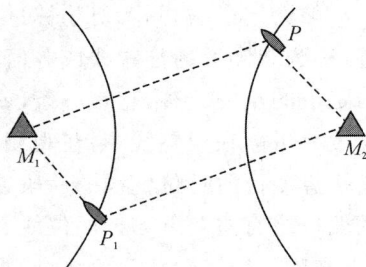

图 6.1.4

由于球面上的位置线都比较复杂，有时要把它们全部画在图上，难度较大，且没有必要. 航海人员感兴趣的是航海定位和导航，仅仅只要画出位置线在船舶附近的一小段，或者画出这一小段位置的切线，来代表这条位置线，所以在海图作业时，通常只画出船位线，且用船位线来代替位置线进行定位和导航.

6.1.3　船位线误差

1. 方位船位线误差

观测某一物标的方位船位线的系统误差 ε 为：

$$\varepsilon = \pm \frac{\varepsilon_B^0 \cdot D}{57°.3} = \pm \varepsilon_B^0 \cdot D \cdot \mathrm{arc}1° \qquad (6.1.1)$$

其中，$\mathrm{arc}1° = \dfrac{1}{57°.3} = 1°$ 的弧度值.

观测某一物标的方位船位线的随机误差 σ 为：

$$\sigma = \pm \frac{\sigma_B^0 \cdot D}{57°.3} = \sigma_B^0 \cdot D \cdot \mathrm{arc}1° \qquad (6.1.2)$$

其中，D 为测者到物标的距离，ε_B 为系统观测误差，σ_B 为随机观测误差.

由系统误差和随机误差的表达式可知在观测误差 ε_B 或 σ_B 一定的条件下，观测的物标越近，船位线误差 ε 或 σ 越小，因此应尽量观测近物标的方位来求方位船位线.

2. 距离船位线误差

观测某一物标的距离船位线的系统误差为 ε：

$$\varepsilon = \pm \varepsilon_D \cdot D \qquad (6.1.3)$$

观测某一物标的距离船位线的随机误差 σ 为：

$$\sigma = \pm \sigma_D \cdot D \qquad (6.1.4)$$

其中，D 为测者到物标的距离，σ_D 为随机观测误差，ε_D 为系统观测误差.

由系统误差和随机误差的表达式可知在观测误差 ε_D 或 σ_D 一定的条件下，观测的物标越近，船位线误差 ε 或 σ 越小，因此应尽量观测近物标的距离来求距离船位线. 距离船位线的误差通常以距离 D 的百分率给出.

6.1.4　船位线法方程组

取推算船位点作为原点 O，建立平面直角坐标系 XOY，X 轴指向北，Y 轴指向东（图 6.1.5）.

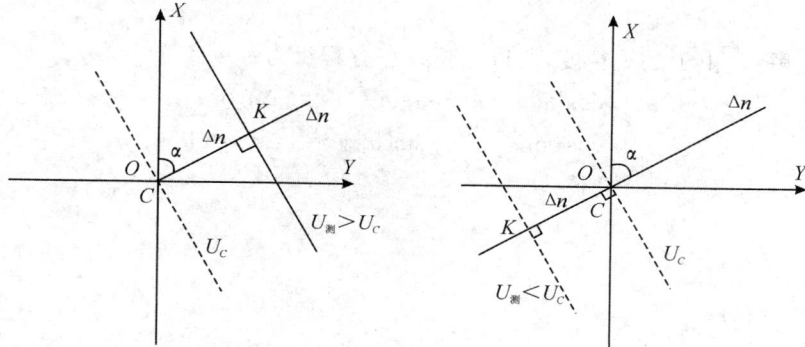

图 6.1.5

在 XOY 坐标系下,线性化船位线的法式方程为:

$$\Delta n = x\cos\alpha + y\sin\alpha \qquad (6.1.5)$$

式中,α 为船位线法线方位,简称船位线方位,其正向指向函数值 U 增加的方向. Δn 为船位线截距,即自原点到船位线垂线距离.

当 $U_测 > U_C$ 时,$\Delta n > 0$,船位线在法线正向一侧;

当 $U_测 < U_C$ 时,$\Delta n < 0$,船位线在法线反向一侧;

当 $U_测 = U_C$ 时,$\Delta n = 0$,船位线通过原点.

设同时独立观测 n 条船位线,就有如下船位线观测方程组:

$$x\cos\alpha_i + y\sin\alpha_i - \Delta n_i = 0, p_i = \frac{u^2}{\sigma_i^2}(i = 1,2,\cdots,n,n \geqslant 2)(6.1.6)$$

式中,Δn_i 表示第 i 条船位线截距,可把它理解为观测值;σ_i 表示第 i 条船位线标准误差,p_i 表示第 i 条船位线权.

根据船位线观测方程组,可直接得到船位线法方程组:

$$\begin{cases} [p\cos^2\alpha]x + [p\cos\alpha\sin\alpha]y = [p\Delta n\cos\alpha] \\ [p\cos\alpha\sin\alpha]x + [p\sin^2\alpha]y = [p\Delta n\sin\alpha] \end{cases}. \qquad (6.1.7)$$

其中,$[\ ]$ 为高斯和,方程组(6.1.7) 的解为:

$$\begin{cases} x = \dfrac{[p\sin^2\alpha][p\Delta n\cos\alpha] - [p\cos\alpha\sin\alpha][p\Delta n\sin\alpha]}{[p\cos^2\alpha][p\sin^2\alpha] - [p\cos\alpha\sin\alpha]^2} \\ y = \dfrac{[p\cos^2\alpha][p\Delta n\sin\alpha] - [p\cos\alpha\sin\alpha][p\Delta n\cos\alpha]}{[p\cos^2\alpha][p\sin^2\alpha] - [p\cos\alpha\sin\alpha]^2} \end{cases}, \qquad (6.1.8)$$

这就是最或是船位坐标 (x,y).

例 1　设有三条独立等精度船位线:

$$(1)\begin{cases} \Delta n_1 = +1.'0 \\ \alpha = 0° \end{cases}, (2)\begin{cases} \Delta n_2 = +2.'0 \\ \alpha = 120° \end{cases}, (3)\begin{cases} \Delta n_3 = +4.'0 \\ \alpha = 240° \end{cases},$$ 求最或是船

位.

解　由于是等精度,所以船位线法方程组为:

$$\begin{cases} [\cos^2\alpha]x + [\cos\alpha\sin\alpha]y = [\Delta n\cos\alpha] \\ [\cos\alpha\sin\alpha]x + [\sin^2\alpha]y = [\Delta n\sin\alpha] \end{cases}.$$

列出表 6.1.1 如下:

表 6.1.1　数据列表

	Δn_i	α_i	$\cos\alpha_i$	$\sin\alpha_i$	$\cos^2\alpha_i$	$\cos\alpha_i \cdot \sin\alpha_i$	$\sin^2\alpha_i$	$\Delta n_i \cdot \cos\alpha_i$	$\Delta n_i \cdot \sin\alpha_i$
1	+1.′0	0°	1	0	0	0	0	1	0
2	+2.′0	120°	−0.5	0.866	0.25	−0.433	0.75	−1	1.732
3	+4.′0	240°	−0.5	−0.866	0.25	0.433	0.75	−2	−3.464
[]					0.5	0	1.5	−2	−1.732

由此得船位线法方程组：

$$\begin{cases} 0.5x = -2 \\ 1.5y = -1.732 \end{cases},$$

所以 $\begin{cases} x = -4' \\ y = -1.2 \end{cases}.$

6.2　图解法求最或是船位

在航海实际工作中,上节根据船位线法方程组,计算出最或是船位坐标的方法过于复杂.因此,有必要利用几何的方法求最或是船位.下面只介绍中心图解法.

6.2.1　中心图解法

对最或是船位坐标公式(6.1.8)作适当变换,可得如下关系式：

$$\begin{cases} x = \dfrac{\sum\sum\limits_{i<j} p_{ij}x_{ij}}{\sum\sum\limits_{i<j} p_{ij}} = \dfrac{[px]}{[p]} \\ y = \dfrac{\sum\sum\limits_{i<j} p_{ij}y_{ij}}{\sum\sum\limits_{i<j} p_{ij}} = \dfrac{[py]}{[p]} \end{cases}, \tag{6.2.1}$$

$$p_{ij} = p_i p_j \sin^2(\alpha_j - \alpha_i). \tag{6.2.2}$$

式中, p_{ij} 为第 i,j 两条船位线交点权; α_i,α_j 表示第 i,j 两条船位线的方位角; p_i,p_j 表示第 i,j 两条船位线的权; x_{ij},y_{ij} 表示第 i,j 两条船位线的交点坐标.其中,

$$\begin{cases} x_{ij} = \dfrac{\Delta n_i \sin\alpha_j - \Delta n_j \sin\alpha_i}{\sin(\alpha_j - \alpha_i)} \\[3mm] y_{ij} = \dfrac{\Delta n_i \cos\alpha_j - \Delta n_j \cos\alpha_i}{\cos(\alpha_j - \alpha_i)} \end{cases}, \qquad (6.2.3)$$

公式(6.2.1)与力学中求质点系质心坐标的公示相比较,形式上完全一样. 这样,如将第 i,j 两条船位线的交点 M_{ij} 看作具有质量 p_{ij} 的质点,则这样一个质点系的质心位置就是我们要确定的最或是船位. 而当 M_{ij} 位置和 p_{ij} 数值已知时,我们便可用图解法求出船位. 因此,此法被称为中心图解法.

例1　如图 6.2.1 所示,用中心图解法确定最或是船位.

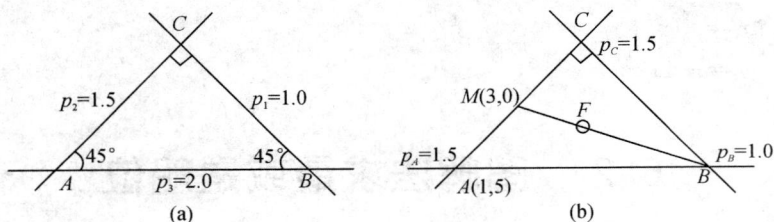

图 6.2.1

解　各交点权为:
$$p_A = p_2 p_3 \sin^2 45° = 1.5 \times 2.0 \times 0.5 = 1.5,$$
$$p_B = p_1 p_3 \sin^2 45° = 1.0 \times 2.0 \times 0.5 = 1.0,$$
$$p_C = p_1 p_2 \sin^2 45° = 1.0 \times 1.5 \times 1 = 1.5.$$

由于 $p_A = p_C = 1.5$,所以,点 M 是 AC 的中点,点 M 的结合权为 $p_M = p_A + p_C = 3.0$,且 $p_B = 1.0$,所以,F 点由 $MF : FB = 1 : 3$ 确定,即 F 点是最或是船位.

6.2.2　船位误差三角形的处理

1. 船位误差三角形

由于观测误差的存在,三条同时观测的船位线不可能交于一点,而是形成一个三角形,则把这样的三角形称为船位误差三角形.

2. 反中线

在三条等精度船位误差三角形 ABC 上,取 AB 边上的中点 M,则 CM 是 AB 边的中线. 作 CM',满足 $\angle MCB = \angle M'CA$,称 CM' 为 AB 边的反中线

134

(图 6.2.2).

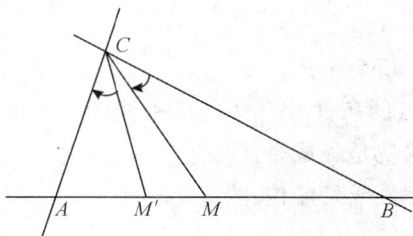 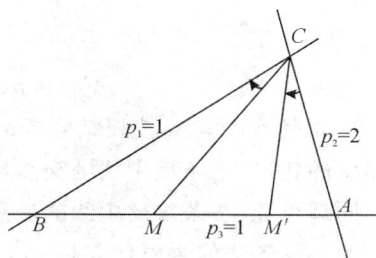

图 6.2.2　　　　　　　　　　　　　　图 6.2.3

3. 权反中线

在三条非等精度船位误差三角形 ABC 上,取 AB 边上的点 M,满足
$$BM : AM = p_1 : p_2,$$
称 CM 为 AB 边的权中线.作 CM' 使 $\angle M'CB = \angle MCA$,则 CM' 称为 AB 边的权反中线(图 6.2.3).

如果三条船位线只含有随机误差,由中心图解法一般原理可得:最或是船位是误差三角形各边权反中线的交点;特别地,当三条船位线等精度时,最或是船位是各边反中线的交点.

设有三条船位线等精度(图 6.2.2),在 $\triangle ACM$ 和 $\triangle BCM$ 中,由正弦定理得:

$$\frac{CM}{AM} = \frac{\sin A}{\sin \angle ACM}, \frac{CM}{BM} = \frac{\sin B}{\sin \angle BCM},$$

$$\frac{AM}{BM} = \frac{\sin B}{\sin A} \cdot \frac{\sin \angle ACM}{\sin \angle BCM},$$

因为 M 是 AB 边的中点,所以 $\dfrac{AM}{BM} = 1$,即

$$\frac{\sin \angle ACM}{\sin \angle BCM} = \frac{\sin A}{\sin B}. \tag{6.2.4}$$

同理,在 $\triangle ACM'$ 和 $\triangle BCM'$ 中,由正弦定理得:

$$\frac{AM'}{BM'} = \frac{\sin B}{\sin A} \cdot \frac{\sin \angle ACM'}{\sin \angle BCM'},$$

因为 CM' 是 AB 边的反中线,所以 $\angle ACM' = \angle BCM$,$\angle BCM' = \angle ACM$,由此得:

$$\frac{AM'}{BM'} = \frac{\sin B}{\sin A} \cdot \frac{\sin \angle BCM}{\sin \angle ACM},$$

135

由式(6.2.4),可得

$$\frac{AM'}{BM'} = \frac{\sin^2 B}{\sin^2 A} = \frac{p_B}{p_A},$$

所以 $\qquad\qquad\qquad AM' \cdot p_A = BM' \cdot p_B.$

这正是 A,B 两点按权结合于 M' 点的条件. AB 边的反中线 CM' 是最或是船位的轨迹. 三条反中线的交点当然就是最或是船位了.

同理可证,三条权反中线的交点是最或是船位.

中心图解法的主要优点是:

(1) 适用于任意非等精度独立船位线求最或是船位的一般方法;

(2) 具有明显的力学意义,几何上非常直观,避免繁琐的数学解析计算.

中心图解法的主要缺点是:当船位线数目 n 较大时,交点数目 $C_n^2 = \frac{n(n-1)}{2}$ 将迅速增多.

当然,航海实际应用中,n 一般不超过 4,又当某些交点权相对较小时(尤其交角很小的交点权),可以忽略不计,以简化作图.

学习中心图解法的意义还在于,在严格的方法指导下,经过一定的实践,可以用目测估计的方法确定最或是船位.在船位线等精度的情况下有如下的结论:

(1) 如果误差三角形是等边三角形,则最或是船位位于三角形中心(图 6.2.4a);

(2) 如果误差三角形是等腰三角形,则最或是船位位于三角形短边附近(图 6.2.4b);

(3) 如果误差三角形是直角三角形,则最或是船位位于直角附近(图 6.2.4c);

(4) 如果误差三角形是一狭长三角形,可将最或是船位确定在短边中心处(图 6.2.4d);

(5) 特殊情况下,即在误差三角形附近有不明碍航物时,则需要将最或是船位确定在距碍航物最近处(图 6.2.4e).

注:(1) 确定最或是船位,只作两条反中线或权反中线就可以;

(2) 如果船位误差三角形的边长平均小于 $2' \sim 3'$ 时,可认为观测中只存在随机误差.

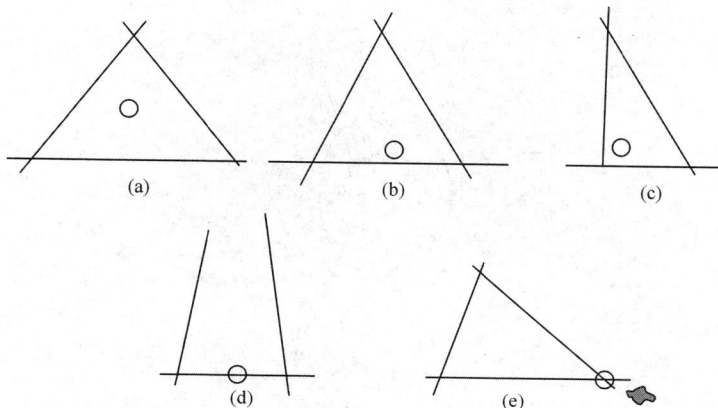

图 6.2.4

6.3　两条船位线的观测船位及其误差

当船舶驾驶员运用某种定位方法测得最或是船位之后,必须运用科学的方法对这个观测船位进行系统分析,以便掌握其可靠的和可能的分布情况,从而保证船舶安全迅速航行.

6.3.1　船位误差带和船位误差四边形

1. 最或是船位

两条船位线的交点即是最或是船位(最接近真实船位的船位),该点的概率密度最大而概率为零. 真实船位离最概率船位越近,出现的概率就越大,反之,其概率就越小.

2. 船位误差带

因为每条船位线均含有误差,且误差属于向量误差,即有大小和方向. 航海上常用船位误差带来描述船位线的误差,即以船位线为中心线左右 $\pm c\sigma$(σ 为船位线标准误差)的区域称为船位误差带. 真实船位落在一倍($\pm\sigma$)、二倍($\pm 2\sigma$)和三倍($\pm 3\sigma$)船位误差带内的概率分别为 68.3%、95.4% 和 99.7%.如图 6.3.1.

超出三倍标准误差带的概率为 0.3%,几乎不可能出现. 因此,航海上

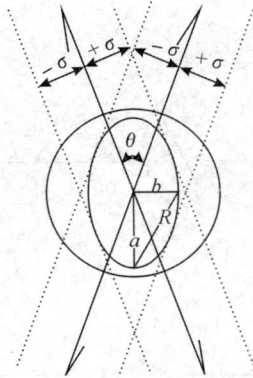

图 6.3.1

常采用 95% 作为船位误差界.真实船位相对于最概率船位分布的误差界可用三种几何图形来描述,它们分别是船位误差四边形、船位误差椭圆和船位误差圆.

(1) 船位误差四边形

设 Ⅰ、Ⅱ 是两条同时观测到的船位线,其交点 P 是最或是船位.若 Ⅰ、Ⅱ 分别存在的标准差为 $\pm\sigma_1$、$\pm\sigma_2$,则以 $\pm\sigma_1$、$\pm\sigma_2$ 分别所作船位线 Ⅰ、Ⅱ 的平行线交成的四边形 $ABCD$ 称为船位误差四边形(图 6.3.2).

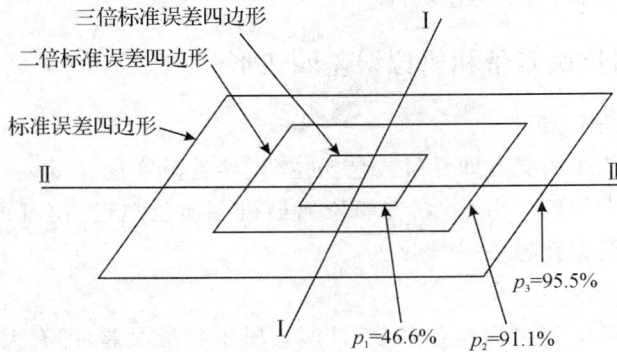

图 6.3.2

由它们的一倍、两倍、三倍标准误差带各自交成的平行四边形分别称为标准误差四边形、二倍标准误差四边形、三倍标准误差四边形.根据概率的乘法公式,可得船位落入标准误差四边形内的概率分别为:

$$\pm\sigma_1、\pm\sigma_2：p_1 = 68.3\% \times 68.3\% = 46.6\%；$$

$$\pm2\sigma_1、\pm2\sigma_2：p_2 = 95.4\% \times 95.4\% = 91.0\%；$$

$$\pm3\sigma_1、\pm3\sigma_2：p_3 = 99.7\% \times 99.7\% = 99.5\%.$$

航海上通常以三倍标准误差四边形为极限误差四边形.

容易证明,标准误差四边形的面积为:

$$S_1 = \frac{4\sigma_1\sigma_2}{\sin\omega},$$

其中,ω 为 Ⅰ、Ⅱ 两线的交角,σ_1、σ_2 为两线的标准差.

因为船位落入标准误差四边形内的概率为定值(46.6%),所以标准误差四边形面积越小,说明船位精度越高.其方法有:(1) 减小 σ_1、σ_2 的值;(2) 两线的交角越接近 90° 越好.

6.3.2　船位误差椭圆

由船位误差理论可知,船位落入最或是船位处的概率最大,而落入其他点的概率密度将随与最或是船位点的距离的增大而减小.在标准差四边形周界内,将真实船位出现的概率相等的各点连接起来,将是一个椭圆.由船位线标准差求得的椭圆,称为船位标准误差椭圆.该椭圆内切于误差四边形,且切点为各边中点.设 Ⅰ、Ⅱ 为两条独立的船位线,其标准误差分别为 σ_1,σ_2,两条船位线交角为 ω,两位置线的交点是最或是船位.建立如图6.3.3所示的斜坐标系 XOY,取 Ⅰ 线为 X 轴,Ⅱ 线为 Y 轴,观测船位点为原点.假定真船位于 N 点,Ⅰ 线的误差为 μ,Ⅱ 线的误差为 υ,于是真船位 N 的坐标位(x,y) 为:

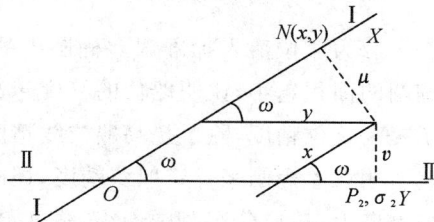

图 6.3.3

$$x = \frac{\upsilon}{\sin\omega}, y = \frac{\mu}{\sin\omega}.$$

可以推出,船位标准误差椭圆的方程为:

$$\frac{x^2}{(ca)^2} + \frac{y^2}{(cb)^2} = 1, \qquad (6.3.1)$$

其中,$a = \dfrac{\sigma_2}{\sin\omega}, b = \dfrac{\sigma_1}{\sin\omega}.$

当 $c = 1$ 时:称为一倍标准误差椭圆,船位落入的概率为 39.4%;

当 $c=2$ 时:称为二倍标准误差椭圆,船位落入的概率为 86.5%;

当 $c=3$ 时:称为三倍标准误差椭圆,船位落入的概率为 98.9%.

称三倍标准误差椭圆为极限误差椭圆.

表 6.3.1 列出了船位落入标准误差椭圆的概率.

表 6.3.1 误差椭圆概率表

c	P_c	c	P_c	c	P_c
0.1	0.0050	1.1	0.4539	2.1	0.8897
0.2	0.0198	1.2	0.5132	2.2	0.9111
0.3	0.0440	1.3	0.5704	2.3	0.9290
0.4	0.0769	1.4	0.6247	2.4	0.9439
0.5	0.1175	1.5	0.6753	2.5	0.9561
0.6	0.1647	1.6	0.7220	2.6	0.9660
0.7	0.2173	1.7	0.7643	2.7	0.9739
0.8	0.2739	1.8	0.8021	2.8	0.9802
0.9	0.3330	1.9	0.8356	2.9	0.9851
1.0	0.3935	2.0	0.8647	3.0	0.9889

对应于两条船位线标准误差椭圆,其面积为 $S_1 = \dfrac{\pi\sigma_1\sigma_2}{\sin\omega}$.

因为船位落入标准误差椭圆内的概率为定值(39.4%),所以标准误差椭圆的面积越小,说明船位的精度越高.因此当观测两条船位线定位时,为了提高定位精度,除了提高船位线精度外,还最好使两位置线交角接近 90°.

用误差椭圆来评定船位精度,还能很好地反映船位散布的方向性.在短轴方向上,船位分布范围最小,精度最高;长轴方向上,船位分布范围最广,精度最低.但是由于其作图复杂,航海上不大采用.

在航海实践中,例如通过狭水道,应要求航线左右方向上船位分布尽量小,而在前后方向上船位分布偏大些,对航行安全的影响相对小些.

6.3.3 船位误差圆

以观测船位为圆心,以常数 M 为半径的圆称为船位误差圆.

理论证明,任意多条独立观测船位线决定的最或是船位,在任意两个垂直方向上的标准误差的平方和的均方根设为常数 M,即以最或是船位为原点 O,建立任意的直角坐标系 $XOY, X'OY', \cdots$,则有:

$$M = \sqrt{\sigma_x^2 + \sigma_y^2} = \sqrt{\sigma_x'^2 + \sigma_y'^2} = \cdots. \qquad (6.3.2)$$

特别有：

$$M = \sqrt{a^2 + b^2}. \qquad (6.3.3)$$

其中，a,b 为标准误差椭圆的长、短半轴.

航海上称常数 M 为标准误差圆半径，而以观测船位为圆心，$c \cdot M$ 为半径的圆称为 c 倍标准误差圆.

1. 标准误差圆半径

理论证明，n 条$(n \geqslant 2)$ 独立观测船位线所决定的最或是船位，其标准误差圆半径：

$$M = \sqrt{\frac{\displaystyle\sum_{i=1}^{n} p_i}{\displaystyle\sum\sum_{i<j} p_i p_j \sin^2(\alpha_j - \alpha_i)}} \cdot \mu = \sqrt{\frac{[p]}{[P]}} \cdot \mu. \qquad (6.3.4)$$

式中，$[p]$ 表示船位线权总和；$[P]$ 表示船位线交点权总和；μ 表示单位权船位线标准误差；p_i 表示第 i 条船位线权；α_i 表示第 i 条船位线方位.

（1）两条船位线时标准误差圆半径

如图 6.3.4 所示，由公式$(6.3.4)$，在两条船位线情况下，其标准误差圆半径为：

$$
\begin{aligned}
M &= \sqrt{\frac{p_1 + p_2}{p_1 p_2 \sin^2(\alpha_2 - \alpha_1)}} \cdot \mu \\
&= \frac{\mu}{\sin\omega} \sqrt{\frac{p_1 + p_2}{p_1 p_2}} = \frac{\mu}{\sin\omega} \sqrt{\frac{1}{p_1} + \frac{1}{p_2}} \\
&= \frac{\mu}{\sin\omega} \sqrt{\frac{\sigma_1^2}{\mu^2} + \frac{\sigma_2^2}{\mu^2}} = \frac{\sqrt{\sigma_1^2 + \sigma_2^2}}{\sin\omega}.
\end{aligned}
$$

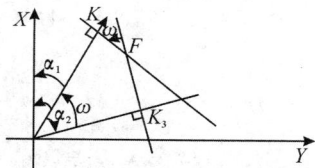

图 6.3.4

即

$$M = \frac{\sqrt{\sigma_1^2 + \sigma_2^2}}{\sin\omega}. \qquad (6.3.5)$$

式中，σ_1，σ_2 分别表示船位线 Ⅰ、Ⅱ 的标准误差；ω 表示两条船位线的交角.

特别地，当两条船位线等精度时，即 $\sigma_1 = \sigma_2 = \sigma$，得：

$$M = \frac{\sqrt{2}\,\sigma}{\sin\omega}. \qquad (6.3.6)$$

（2）三条船位线时的标准误差圆半径

由公式$(6.3.4)$，在三条船位线情况下，标准误差圆半径为：

$$M = \sqrt{\frac{p_1 + p_2 + p_3}{p_1 p_2 \sin^2(\alpha_2 - \alpha_1) + p_2 p_3 \sin^2(\alpha_3 - \alpha_2) + p_3 p_1 \sin^2(\alpha_3 - \alpha_1)}} \cdot \mu$$

令 $:\alpha = \alpha_2 - \alpha_1$ 表示第 Ⅰ、Ⅱ 两船位线的交角，$\beta = \alpha_3 - \alpha_2$ 表示第 Ⅱ、Ⅲ 两船位线的交角，$\gamma = \alpha_3 - \alpha_1$ 表示第 Ⅲ、Ⅰ 两船位线的交角，则得

$$M = \sqrt{\frac{p_1 + p_2 + p_3}{p_1 p_2 \sin^2 \alpha + p_2 p_3 \sin^2 \beta + p_3 p_1 \sin^2 \gamma}} \cdot \mu$$

$$= \sqrt{\frac{\dfrac{1}{p_1 p_2} + \dfrac{1}{p_2 p_3} + \dfrac{1}{p_3 p_1}}{\dfrac{\sin^2 \alpha}{p_3} + \dfrac{\sin^2 \gamma}{p_2} + \dfrac{\sin^2 \beta}{p_1}}} \cdot \mu = \sqrt{\frac{\dfrac{\sigma_1^2 \sigma_2^2}{\mu^4} + \dfrac{\sigma_1^2 \sigma_3^2}{\mu^4} + \dfrac{\sigma_2^2 \sigma_3^2}{\mu^4}}{\dfrac{\sigma_3^2 \sin^2 \alpha}{p_3} + \dfrac{\sigma_2^2 \sin^2 \gamma}{p_2} + \dfrac{\sigma_1^2 \sin^2 \beta}{p_1}}} \cdot \mu$$

$$= \sqrt{\frac{\sigma_1^2 \sigma_2^2 + \sigma_1^2 \sigma_3^2 + \sigma_2^2 \sigma_3^2}{\sigma_2^2 \sin^2 \gamma + \sigma_1^2 \sin^2 \beta + \sigma_3^2 \sin^2 \alpha}}, \tag{6.3.7}$$

或 $\qquad M = \sqrt{\dfrac{\sigma_1^2 \sigma_2^2 + \sigma_1^2 \sigma_3^2 + \sigma_2^2 \sigma_3^2}{\sigma_2^2 \sin^2(\alpha + \beta) + \sigma_1^2 \sin^2 \beta + \sigma_3^2 \sin^2 \alpha}}. \tag{6.3.8}$

特别地，当三条船位线等精度时，设 $\sigma_1 = \sigma_2 = \sigma_3 = \sigma$ 时，得：

$$M = \sqrt{\frac{3}{\sin^2 \gamma + \sin^2 \beta + \sin^2 \alpha}} \cdot \sigma. \tag{6.3.9}$$

或 $\qquad M = \sqrt{\dfrac{3}{\sin^2(\alpha + \beta) + \sin^2 \beta + \sin^2 \alpha}} \cdot \sigma. \tag{6.3.10}$

2. 船位落入误差圆的概率

设标准误差椭圆长半轴为 a，短半轴为 b，其比值 $k = \dfrac{b}{a}$，船位标准误差圆半径为 $M = \sqrt{a^2 + b^2}$. 下面，只对 $k = 0$ 和 $k = 1$ 两种特殊情况讨论误差圆的概率问题.

(1)$k = \dfrac{b}{a} = 0$

此时误差椭圆退化为误差线段，而 $M = \sqrt{a^2 + b^2} = \sqrt{a^2 \left(1 + \dfrac{b^2}{a^2}\right)} = a$，船位落入误差圆 $c \cdot M$ 内的概率等于 $(-ca, +ca) = (-c\sigma, +c\sigma)$ 内的概率，所以当 $k = 0$ 时，船位落入：

一倍标准误差圆内的概率为 $P_{01} = 68.3\%$；

二倍标准误差圆内的概率为 $P_{02} = 95.3\%$；

三倍标准误差圆内的概率为 $P_{03} = 99.7\%$.

(2)$k = \dfrac{b}{a} = 1$

此时误差椭圆变成圆形,而

$$M = \sqrt{a^2 + b^2} = \sqrt{2}\,a, c \cdot M = \sqrt{2}\,ca.$$

因此,当 $k = 1$ 时,标准误差圆就是 $\sqrt{2}$ 倍的标准误差椭圆,c 倍标准误差圆就是 $\sqrt{2} \cdot c$ 标准误差椭圆,即 c 倍标准误差圆内概率 $P_{c \cdot M}$ 等于 $\sqrt{2} \cdot c$ 倍标准误差椭圆内的概率 $P_{\sqrt{2}c}$,而 $P_{\sqrt{2}c} = 1 - e^{-\frac{1}{2}(\sqrt{2}c)^2} = 1 - e^{-c^2}$,所以

$$P_{c \cdot M} = 1 - e^{-c^2}. \qquad (6.3.11)$$

于是当 $k = 1$ 时,船位落入:

一倍标准误差圆内的概率为 $P_{11} = 63.2\%$;

二倍标准误差圆内的概率为 $P_{22} = 98.2\%$;

三倍标准误差圆内的概率为 $P_{33} = 99.99\%$.

表 6.3.2 是在不同 k 值的情况下,一倍标准误差圆内的概率.

表 6.3.2　一倍标准误差圆内的概率

$k = \dfrac{b}{a}$	0.0	0.1	0.3	0.5	0.7	0.9	1.0
P	68.3%	68.2%	67.7%	66.3%	66.1%	63.3%	63.2%

不同的 c 值下,船位落入误差圆内的概率是:

$c = 1$ 时,$P = 63.2\% \sim 68.3\%$;

$c = 2$ 时,$P = 95.4\% \sim 98.2\%$;

$c = 3$ 时,$P = 99.7\% \sim 99.99\%$.

航海上常以二倍标准误差圆为极限误差圆,作为船位评定的误差界,其半径近似地采用公式

$$M = 2\csc\omega \sqrt{\sigma_1^2 + \sigma_2^2}. \qquad (6.3.12)$$

其中,ω 为两船位线的交角,σ_1,σ_2 分别为两船位线的标准误差.

6.3.4　各种评定船位精度的误差界的比较

1. 用两个表格来评价各种误差界的优劣

如表 6.3.3 所示,对不同的 c 值,一倍标准误差圆内的概率最大,误差四边形次之,误差椭圆最小.

表 6.3.3　三种误差图形概率的比较

c	误差带	误差四边形	误差椭圆	误差圆	
				$\frac{b}{a}=0$	$\frac{b}{a}=1$
0.5	0.383	0.147	0.118	0.383	0.221
1.0	0.583	0.466	0.394	0.683	0.632
2.0	0.951	0.991	0.965	0.954	0.982
3.0	0.997	0.995	0.989	0.997	0.999

如表 6.3.4 所示,是三种误差图形和概率的比较,并给出了一些简单的评价和适用情况.

表 6.3.4　三种误差图形和概率的比较

	误差四边形	误差椭圆	误差圆
等概率下的面积	大	小	中
等面积下的概率	小	大	中
评价与适用情况	面积大,概率小;但适用于两条位置线交角较小或两条船位线标准误差相差很大,即 b/a 值比较小时;作图简单,航海上用	面积小,概率大,能较确切地反映了误差的大小和方向;但作图麻烦,航海上不常用	面积中等,概率中等;适用于两条位置线交角接近垂直或两条船位线标准误差相差不大时;作图方便,航海上常用

2. 结论

(1)船位误差椭圆是等概率密度曲线,能直观地看出船位误差的大小和方向,长轴方向船位误差大,短轴方向误差小,但作图和计算均繁琐.

(2)船位误差圆是非等概率密度曲线,不能如实地反映误差的方向.当两条船位线的交角较小时,不能采用船位误差圆来描述船位误差,但作图简单.

(3)船位误差四边形是非等概率密度曲线,能看出误差的大致分布方向.当两条船位线的交角较小或 b/a 较小(非等精度)时,采用船位误差四边形描述船位误差较为有利(这时误差四边形的图形趋近误差椭圆),且作图简单.

(4)由于船位误差几何图形的概率一定,所以几何图形的面积越小,船位精度越高,即两条位置线的交角 θ 趋于 $90°$,面积最小,两船位线定位精度最高.

注:(1) 在概率相同的情况下,误差椭圆面积最小,误差圆面积最大;在面积相同的情况下,误差椭圆面积最大,误差圆面积最小.

(2) 两条船位线的交点即是最概率船位.在等精度的条件下,船位在两位置线交角的锐角角平分线方向上误差最大,钝角角平分线方向上误差最小.

6.3.5   两条船位线的观测船位及其船位误差

上述结论适用于描述不同船位线的随机误差对最或是船位精度的影响.为更有利于航海实际应用,下面以两物标方位定位、距离定位和移线定位为例就观测误差对不同的船位线求得的观测船位的影响做进一步的分析.

1. 两方位定位的船位误差

因为观测误差包含系统误差和随机误差,所以求得的观测船位也必然含有系统误差和随机误差.在航海实际工作中通常认为观测两物标为等精度观测,即观测两物标方位的系统误差 $\varepsilon_1 = \varepsilon_2 = \varepsilon_B$(主要是罗经本身的系统误差)和随机误差为 $\sigma_1 = \sigma_2 = \sigma_B$(主要是观测物标罗经方位的随机误差),则观测两方位定位的船位系统误差和随机误差分别为:

系统误差

$$\varepsilon = \frac{\varepsilon_B}{\sin\theta} \sqrt{D_1^2 + D_2^2 - 2D_1 D_2 \cos\theta} = \frac{\varepsilon_B^0 \cdot d}{57°.3\sin\theta} \qquad (6.3.13)$$

随机误差

$$\sigma = \frac{\sigma_B^0}{57°.3\sin\theta} \sqrt{D_1^2 + D_2^2} \qquad (6.3.14)$$

式中,θ 为两方位船位线的交角;D_1,D_2 分别是到两物标的距离;d 是两物标之间的距离 (图 6.3.5).

从上两式可见,为减小观测船位的系统误差,和随机误差,应注意以下几个方面:

(1) 尽量减小观测系统误差 ε_B 和 σ_B 随机误差;

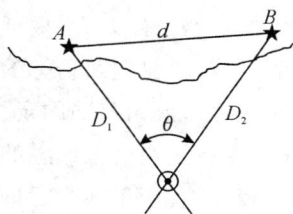

图 6.3.5

(2) 观测显著的、海图上有准确位置的近物标(减小 D_1,D_2);

(3) 两方位船位线交角 θ 取 $30° \sim 150°$,取 $60° \sim 120°$ 为好,θ 趋近 $90°$ 最好;

(4) 由于在实际工作中不能同时观测两物标,为减小观测时刻不同步而产生的误差,应尽量缩短两次观测的时间间隔.

2. 两距离定位的船位误差

同样道理,等精度观测两物标距离的系统误差为 $\varepsilon_1 = \varepsilon_2 = \varepsilon_D$ 和随机误差为 $\sigma_1 = \sigma_2 = \sigma_D$,则观测两距离定位的船位系统误差和随机误差为:

系统误差

$$\varepsilon = \frac{\varepsilon_D \cdot d}{\sin\theta} \qquad (6.3.15)$$

随机误差

$$\sigma = \frac{\sigma_D}{\sin\theta} \sqrt{D_1^2 + D_2^2} \qquad (6.3.16)$$

式中,θ 为两距离船位线的交角;D_1,D_2 分别是到两物标的距离;d 是两物标之间的距离.

从上两式可见,为减小观测船位的系统误差和随机误差,应注意以下几个方面:

(1) 尽量减小观测系统误差 ε_D 和随机误差 σ_D;

(2) 观测显著的、海图上有准确位置的近物标(减小 D_1,D_2);

(3) 两距离船位线交角 θ 取 $30° \sim 150°$,取 $60° \sim 120°$ 为好,θ 趋近 $90°$ 最好;

(4) 由于在实际工作中不能同时观测两物标,为减小观测时刻不同步而产生的误差,应尽量缩短两次观测的时间间隔.

在消除或抵消系统误差之后,两船位线定位其最概率船位的误差用误差椭圆来描述最好.其长轴位于两船位线夹角的锐角角平分线附近,在长轴方向上船位误差大.根据这个原则,在航海实际工作中,如只考虑随机误差的影响,在船到两物标的距离接近相等的情况下(可以认为船位误差是等精度),可以采用不同的定位方法来保证船舶航行安全.例如船舶在狭水道航行,在航线左右方向上的误差对航行安全影响较大,而前后方向上的误差影响较小.利用正横附近的两物标距离定位较为有利(图 6.3.6).

如果船首尾附近有两个可供定位的物标,采用方位定位较为有利(如 b),等等.应注意,这里只是给出了定位的原则,实际工作中还要视具体情况确定.

3. 移线定位的船位误差

移线定位的船位误差包括两次观测的船位线的误差和移线过程中的推算误差.

(1) 单物标两方位移线船位的系统误差

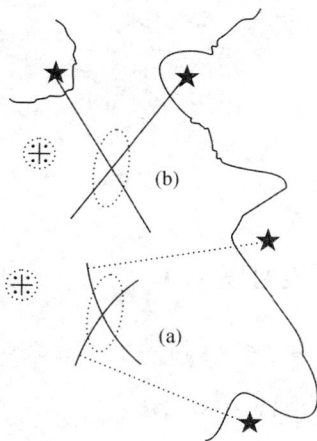

$$E = \varepsilon \csc\theta = \frac{s \cdot \varepsilon_s \cdot \sin Q}{\sin\theta}. \quad (6.3.17)$$

式中,Q 为转移船位线与航向线的夹角;s 是两次观测时间内的推算航程;θ 是船位线交角;ε_s 是推算航程的百分率误差.

当转移船位线的误差一定时,移线船位的误差取决于船位线交角 θ,综合考虑,θ 趋近 $30°$ ~ $60°$ 为好.

图 6.3.6

(2) 单物标两方位移线船位的随机误差

船位随机误差包括两次观测方位的随机误差和移线过程中产生的推算船位的误差. 航海实际工作中,两次观测通常认为是等精度观测,即标准差 $\sigma_{B1} = \sigma_{B2} = \sigma_B$,则两次观测的方位船位线的标准差为 $\sigma_1 = D_1\sigma_B^0 \operatorname{arc1}°$,$\sigma_2 = D_2\sigma_B^0 \operatorname{arc1}°$,两次观测期间航迹推算的误差为 ρ(该误差与两次观测期间推算航向的误差和推算航程的误差有关),移线船位的标准误差圆半径为:

$$R = \frac{\pm\sqrt{\sigma_1^2 + \rho^2 + \sigma_2^2}}{\sin\theta} = \frac{\pm\sqrt{\sigma_B^2(D_1^2 + D_2^2)(\operatorname{arc1}°)^2 + \rho^2}}{\sin\theta}.$$

$$(6.3.18)$$

综上所述,单物标两方位移线定位,为提高移线船位精度应注意:

(1) 尽量提高观测精度(ε_B,σ_B);

(2) 观测显著的、在海图上有准确位置的近物标的方位;

(3) 尽量缩短两次观测的时间间隔以减小航迹推算误差(ρ);

(4) 两船位线的交角趋近 $90°$ 最好;

(5) 上述(3)和(4)是相互制约的,综合考虑,船位线交角趋近 $30° \sim 60°$ 为好.

参考答案

练习题 1. 1

1. (1) $y = 2 + u, u = \sqrt{v}, v = 3x - 1$; (2) $y = 2e^u, u = -\cos v, v = \dfrac{3}{x}$;

(3) $y = 3u^3, u = \ln v, v = 2x - 1$; (4) $y = \arctan u, u = -\sin v, v = 2x^2 - 1$.

2. $y = 1 + \ln(2\sin^3 x - 1)$.

3. $f(-1) = 2, f(0) = 0, f(1) = 2, f(\Delta x) = \begin{cases} 1 + \Delta x & \Delta x > 0 \\ 0 & \Delta x = 0. \\ 1 - \Delta x & \Delta x < 0 \end{cases}$

4. $\dfrac{1}{x^2} - \dfrac{1}{x}, x^2 - 3x + 2, 2x\Delta x + \Delta x^2 - \Delta x$.

练习题 1. 2

1. 提示：$\lim\limits_{x \to -1^-} \dfrac{|x+1|}{x+1} \neq \lim\limits_{x \to -1^+} \dfrac{|x+1|}{x+1}$.

2. $\lim\limits_{x \to 0^-} f(x) = 1, \lim\limits_{x \to 0^+} f(x) = 0$, 因为 $\lim\limits_{x \to 0^-} f(x) \neq \lim\limits_{x \to 0^+} f(x)$, 所以 $f(x)$ 在 $x = 0$ 点的极限不存在.

3. $\lim\limits_{x \to 0} f(x) = -1, \lim\limits_{x \to 1} f(x)$ 不存在, $\lim\limits_{x \to 2} f(x) = 2, \lim\limits_{x \to 3} f(x) = 4$.

4. $\lim\limits_{x \to 0} f(x) = 1$.

练习题 1. 3

1. (1) 2; (2) ∞; (3) 0; (4) 0; (5) $\dfrac{1}{9}$; (6) $\dfrac{1}{2}$; (7) 0; (8) 0; (9) -2; (10) $\dfrac{1}{2}$;

(11) $\dfrac{4}{9}$; (12) ∞.

2. (1) $\dfrac{1}{2}$; (2) 0; (3) ∞; (4) $\dfrac{1}{2}$; (5) $\dfrac{\pi}{2}$; (6) 0; (7) $\dfrac{\pi}{2}$; (8) $\dfrac{\pi}{2}$; (9) $\dfrac{1}{2}$;

148

(10)1.

练习题 1. 4

1. (1)1；(2)2；(3) $\dfrac{n-1}{n+1}$ ；(4) $\dfrac{3}{2}$ ；(5)0；(6)0；(7) -1 ；(8) $\dfrac{1}{2}$ ；(9)1；

(10)1.

2. (1) $\mathrm{e}^{\frac{2}{5}}$ ；(2) $\mathrm{e}^{\frac{3}{2}}$ ；(3) e^{-2} ；(4) e^{2} ；(5) e^{-2} ；(6) e^{-2} ；(7) $\mathrm{e}^{\frac{2}{3}}$ ；(8) e^{-1} .

练习题 1. 5

1. (1) 无穷小；(2) 无穷大；(3) 无穷小；(4) 无穷小；(5) 无穷大；(6) 无穷小.

2. (1)0；(2)1；(3)2；(4) -3 ；(5) $\dfrac{1}{2}$ ；(6) $\dfrac{1}{2}$ ；(7)2；(8) $\dfrac{4}{3}$.

练习题 1. 6

1. (1)2；(2) -2 ；(3) $(\Delta x)^{2}+\Delta x$ ；(4) $(\Delta x)^{2}+(2x_{0}-1)\Delta x$.

2. $(-\infty,-1)\bigcup(-1,1)\bigcup(1,+\infty)$.

3. $\lim\limits_{x\to 2}f(x)=4\neq f(2)$ ，所以不连续.

4. (1) $x=1$ ；(2) $x=0$, $x=k\pi+\dfrac{\pi}{2}(k\in\mathbf{Z})$ ；(3) $x=1$, $x=2$ ；(4) $x=1$ ；(5) $x=0$.

5. $k=2$.

6. 提示：根据"零点性质".

7. (1)0；(2)3；(3) $\ln 2$ ；(4) $\dfrac{1}{2}$ ；(5) $\dfrac{m}{n}$ ；(6) $-\mathrm{e}^{-1}-1$.

复习题(一)

1. (1) -1 ；   (2) $\dfrac{1}{2}$ ；   (3) $\dfrac{1}{4}$ ；   (4) $\dfrac{1}{2}$.

2. (1) ω ；   (2) $-\dfrac{1}{3}$ ；   (3) e^{2} ；   (4) $\mathrm{e}^{\frac{5}{3}}$.

3. (1) $\sqrt{5}$ ；(2)1；(3)0；(4) $\dfrac{\sqrt{2}}{2}$ ；(5) $\dfrac{1}{2}$ ；(6) $\sqrt{2}a$.

4.(1)$x = 1$ 是无穷间断点,$x = 2$ 是可去间断点;

(2)$x = \dfrac{k\pi}{2} + \dfrac{\pi}{4}(k \in \mathbf{Z})$,是无穷间断点,$x = 0$ 是可去间断点;

(3)$x = 0$ 是跳跃间断点;

(4)$x = 0$ 是跳跃间断点.

练习题 2.1

1.(1) 切线方程 $\mathrm{e}y = x$,法线方程 $\mathrm{e}x + y - \mathrm{e}^2 - 1 = 0$;

(2) 切线方程 $x - \sqrt{2}y + 1 - \dfrac{\pi}{4} = 0$,法线方程 $2x + \sqrt{2}y - 1 - \dfrac{\pi}{2} = 0$.

2.(1)$3\Delta t + 1$;(2)$3t + 6t_0 - 5$;(3)$6t_0 - 5$.

3. 连续但不可导.

练习题 2.2

1. $\dfrac{\sin x}{2\sqrt{x}} + \sqrt{x}\cos x + \dfrac{1}{x}$.

2. $\tan x \sec x \arcsin x + \dfrac{\sec x}{\sqrt{1 - x^2}}$.

3. $\dfrac{-1}{1 - \cos x}$.

4. $2x + \dfrac{1}{2}x^{-\frac{3}{2}} - \dfrac{1}{3}x^{-\frac{4}{3}} - x^{-2} + x^{-2}\ln x$.

5. $\dfrac{\mathrm{e}^x}{\tan^2 x}\left(\arcsin x \tan x + \dfrac{\tan x}{\sqrt{1 - x^2}} - \arcsin x \sec^2 x\right)$.

6. $\dfrac{2 - 4x - 2x^2}{(x^2 + 1)^2}$.

7. $\dfrac{3}{x} + 2 + \ln 2$.

8. $2x - 2 + \dfrac{1}{(x + 1)^2}$.

9. $\cot x \csc x$.

10. $2x\lg x \sin x + x\dfrac{1}{\ln 10}\sin x + x^2\lg x\cos x$.

练习题 2.3

1. $6(2x - 3)^2$.

2. $\dfrac{3}{1 + (1 - 3x)^2}$.

3. $\dfrac{1}{x\ln x}$.

4. $4(x-1)\cos(x^2-2x)$.

5. $\dfrac{1}{x^2}\csc^2\dfrac{1}{x}e^{\cot\frac{1}{x}}$.

6. $\dfrac{1}{\sqrt{x^2+a^2}}$.

7. $-\dfrac{3x^2\cot\sqrt{1+2x^3}\csc\sqrt{1+2x^3}}{\sqrt{1+2x^3}}$.

8. $-6x\sin^2(-x^2+1)\cos(-x^2+1)$.

9. $1+2e^x+\dfrac{2e^{2x}}{x}-\dfrac{e^{2x}}{x^2}$.

10. $\csc x$.

11. $\dfrac{4\sqrt{x}\ \sqrt{x+\sqrt{x}}+2\sqrt{x}+1}{8\sqrt{x}\ \sqrt{x+\sqrt{x}}\ \sqrt{x+\sqrt{x+\sqrt{x}}}}$.

12. $2\cdot 3^{2x}\ln3\cdot\tan\dfrac{1}{x}-\dfrac{3^{2x}}{x^2}\sec^2\dfrac{1}{x}$.

13. $-\cos[\cos(\tan x)]\cdot\sin(\tan x)\cdot\sec^2 x$.

14. $\dfrac{\sqrt{2}}{2}+1-\dfrac{\pi}{2}$.

15. $-\dfrac{2}{3}$.

练习题 2.4

1. $\dfrac{3x^2+y}{3y^2-x}$.

2. $\dfrac{xy+y^2-1}{1-x^2-xy}$.

3. $\dfrac{2xy+4xy^3}{2y-6x^2y^2-x^2}$.

4. $\dfrac{-y\sin xy}{1+x\sin xy}$.

5. e.

练习题 2.5

1. $2(x+1)^{2x}\left[\ln(x+1)+\dfrac{x}{x+1}\right]$.

151

2. $\dfrac{2(2x-1)(x+1)^2}{(3-x)^2}\left(\dfrac{1}{2x-1}+\dfrac{1}{x+1}+\dfrac{1}{3-x}\right).$

3. $\dfrac{3\left(x+\sqrt{1+x^2}\right)^3}{\sqrt{1+x^2}}.$

4. $\sqrt{\dfrac{(2x-3)(x^2+1)}{2x-1}}\,(1-x)^2\left(\dfrac{1}{2x-3}+\dfrac{x}{x^2+1}-\dfrac{1}{2x-1}+\dfrac{2}{x-1}\right).$

5. $\dfrac{2x^{\ln x}\ln x}{x}-1.$

练习题 2.6

1. $6x\cos x-6x^2\sin x-x^3\cos x.$

2. $\dfrac{73}{2}.$

3. $2688\,(2x-1)^5.$

4. $\dfrac{6}{x}(\ln^2 x+3\ln x+1).$

5. $24x-\mathrm{e}^{-x}.$

6. $(x+n+1)\mathrm{e}^x.$

练习题 2.7

1. $(1)-\dfrac{1}{x^2}\sec^2\dfrac{1}{x}\mathrm{d}x$; $(2)\left[-2x\,(3-x^2)^{-1}-\dfrac{1}{3}\,(1-x)^{-\frac{2}{3}}\right]\mathrm{d}x$;

$(3)2^x\,(\ln 2\sin 3x+3\cos 3x)\mathrm{d}x$; $(4)\dfrac{-(2-x^2)\sin x+2x\cos x}{(2-x^2)^2}\mathrm{d}x$;

$(5)\dfrac{1}{x^2}(1-\ln x)\mathrm{d}x$; $(6)\dfrac{\cot x}{\ln\sin x}\mathrm{d}x.$

2. $(1)\dfrac{y\mathrm{e}^{xy}-1}{1-x\mathrm{e}^{xy}}\mathrm{d}x$; $(2)-\dfrac{y+\sin(x+y)}{x+\sin(x+y)}\mathrm{d}x$; $(3)\dfrac{2-2xy}{2y+x^2}\mathrm{d}x$;

$(4)\dfrac{1-3xy-x+3y^2+y}{1+3x^2-3xy}\mathrm{d}x.$

3. $(1)4.9733$; $(2)1.0101$; $(3)0.005$; $(4)\dfrac{1}{2}-\dfrac{\sqrt{3}\pi}{360}$; $(5)\dfrac{\pi}{4}+0.015.$

4. $\dfrac{f'(\ln x)}{x}\mathrm{d}x.$

练习题 2.8

1. $(1)(-\infty,0)$ 内单调递减，$(0,+\infty)$ 内单调递增；(2) 单调递减；

(3) 单调递增；(4) 单调递增.

2.(1) $(-\infty,-1)$ 和 $(3,+\infty)$ 内单调递增,$(-1,3)$ 内单调递减;极大值 $f(-1)=0$,极小值 $f(3)=32$;

(2) $(-\infty,+\infty)$ 内单调递增,无极值点;

(3) $(0,1)$ 内单调递减,$(1,+\infty)$ 内单调递增,极小值 $f(1)=1$;

(4) $(-\infty,1)$ 和 $\left(\dfrac{5}{3},+\infty\right)$ 内单调递增,$\left(1,\dfrac{5}{3}\right)$ 内单调递减,极大值 $f(1)=0$,极小值 $f\left(\dfrac{5}{3}\right)=-\dfrac{4}{27}$;

(5) $(-\infty,0)$ 内单调递减,$(0,+\infty)$ 内单调递增,极小值 $f(0)=1$;

(6) $\left(-1,-\dfrac{3}{4}\right)$ 上单调递增,$\left(-\dfrac{3}{4},+\infty\right)$ 上单调递减,极大值 $f\left(-\dfrac{3}{4}\right)=-\dfrac{5}{4}$;

(7) $(-\infty,-1)$ 和 $(1,+\infty)$ 内单调递增,$(-1,1)$ 内单调递减,极大值 $f(-1)=3$,极小值 $f(1)=-1$;

(8) $(-1,0)$ 内单调递减,$(0,+\infty)$ 内单调递增,极小值 $f(0)=0$;

(9) $(-\infty,0)$ 内单调递减,$(0,+\infty)$ 内单调递增,极小值 $f(0)=0$;

(10) $(0,\pi)$ 内单调递增,$(\pi,2\pi)$ 内单调递减,极小值 $f(\pi)=\dfrac{3}{2}$;

(11) $(-\infty,0)$ 和 $\left(\dfrac{2}{5},+\infty\right)$ 内单调递增,$\left(0,\dfrac{2}{5}\right)$ 内单调递减,极小值 $f\left(\dfrac{2}{5}\right)=-\dfrac{3}{5}\left(\dfrac{2}{5}\right)^{\frac{2}{3}}$,极大值 $f(0)=0$;

(12) $(-\infty,-\sqrt{3})$ 和 $(\sqrt{3},+\infty)$ 内单调递增,$(-\sqrt{3},-1)$、$(-1,1)$ 和 $(1,\sqrt{3})$ 上单调递减,极大值 $f(-\sqrt{3})=\dfrac{-3}{\sqrt[3]{9}-1}$,极小值 $f(\sqrt{3})=\dfrac{3}{\sqrt[3]{9}-1}$.

5.(1) 最小值 $f(-2)=-5$,最大值 $f(2)=7$;

(2) 最小值 $f(-1)=f(1)=-1$,最大值 $f(2)=8$;

(3) 最小值 $f(-5)=-5+\sqrt{6}$,最大值 $f\left(\dfrac{3}{4}\right)=\dfrac{5}{4}$;

(4) 最小值 $f(0)=0$,最大值 $f(2)=\dfrac{2}{3}$.

练习题 2.9

1.(1) 凸区间 $(0,1)$,凹区间 $(-\infty,0)$ 和 $(1,+\infty)$,拐点 $(1,0)$;

(2) 凸区间 $(-\infty,-1)$ 和 $(1,+\infty)$,凹区间 $(-1,1)$,拐点 $(-1,\ln 2)$、$(1,\ln 2)$;

(3) 凸区间$(0,1)$,凹区间$(-\infty,0)$和$(1,+\infty)$,拐点$(0,1)$、$(1,0)$;

(4) 凹区间$(2,+\infty)$,凸区间$(-\infty,2)$,拐点$(2,2e^{-2})$.

2.$a=-3$,拐点$(1,1)$,凸区间$(-\infty,1)$,凹区间$(1,+\infty)$.

3.$a=-1,b=3$.

4.$a=0,b=-1,c=3$.

5.

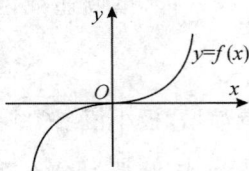

复习题(二)

1. (1)$\times$;(2)$\checkmark$;(3)$\times$;(4)$\times$;(5)$\checkmark$.

2. (1)$\dfrac{y-y_0}{x-x_0}$,$f'(x_0)$,$y-y_0=f'(x_0)(x-x_0)$;(2)$f'(x)\mathrm{d}x$;

(3)$\dfrac{1}{3}\arctan\dfrac{x}{3}$;(4)$\dfrac{1}{2}+e$;(5)$v(t)=2t+1,a(t)=2$;

(6)$(-1,0)$ 与$(0,1)$;(7)$-1,x=1$;(8)0;(9)$(-\infty,0]$;

(10) 驻点,区间端点;(11)$(1,3)$.

3. $(1\sim 5):$CBCDA,$(6\sim 11):$CCDCAC.

4. (1)$\mathrm{d}y=\dfrac{2\ln2}{x^2}2^{\cot^2\frac{1}{x}}\cot\dfrac{1}{x}\csc^2\dfrac{1}{x}\mathrm{d}x$;(2)$\left(\dfrac{1+x^2}{1-x}\right)^3\left(\dfrac{6x}{1+x^2}+\dfrac{3}{1-x}\right)$;

(3)$y'_{x=1,y=0}=-6,y'_{x=1,y=\pm1}=3$;

(4)$(\sin x)^x(\ln\sin x+x\cot x)+2x^{2x}(1+\ln x)$.

5. (1)$f(x)$在$x=0$处连续但不可导;(2)$g(x)$在$x=0$处连续,可导;

(3)$f(x)$在$x=1$处不连续,不可导.

6. $x_1=-1,x_2=2,x_3=\dfrac{\sqrt{3}}{6}-1$.

7. $i(t)=c\mu_m\omega\cos\omega t$.

8. $(0,+\infty)$.

9. 曲线在 $(e^{-\frac{3}{2}},+\infty)$内是凸的, 在 $(0,e^{-\frac{3}{2}})$内是凹的, 拐点 $\left(e^{-\frac{3}{2}},\dfrac{3}{2}e^{-3}\right)$.

10. $[-\dfrac{1}{3},0]$.

11. $a=\dfrac{1}{4},b=-\dfrac{3}{4},c=-6$.

参考答案

练习题 3.1

1. $2x^2 + e^{-x} + C.$

2. $3x^2\ln x + x^2.$

3. $\sec^2 x - \sin x.$

4. $-x^{-\frac{1}{2}}\sin x - \frac{1}{2}x^{-\frac{3}{2}}\cos x + C.$

5. $\sin x + x\cos x.$

6. $x + C.$

7. $(1)-\cot x - \tan x + x + C; (2)\frac{4}{11}x^{\frac{4}{11}} + C; (3)\frac{(8e)^x}{1+3\ln 2} + C;$

$(4)-2x^{-1} + \arctan x + C; (5)\frac{1}{2}e^{2x+1} + C; (6)\frac{x^4}{4} + 6x^{\frac{1}{2}} + \arcsin x - \frac{2^x}{\ln 2} + C;$

$(7)\frac{x^3}{12} + 2x - 4x^{-1} + C; (8)\frac{1}{2}\sin x + \frac{x}{2} + C; (9)\ln x - 2\arctan x + C;$

$(10)\tan x - \cot x + C; (11)\frac{1}{2}\tan x + \frac{x}{2} + C; (12)\frac{x^3}{3} - x + \arctan x + C.$

8. $x^3 + x.$

9. $y = \ln x + 1.$

练习题 3.2

$(1)-\frac{1}{3}e^{-3x+1} + C; (2)\frac{1}{16}(2x^2-1)^4 + C; (3)-e^{\frac{1}{x}} + C;$

$(4)\frac{1}{2}\ln(9+x^2) + C; (5)\frac{1}{3}\arctan\frac{x}{3} + C; (6)-2\cos(\sqrt{x}-1) + C;$

$(7)-(\ln x)^{-1} + \ln(\ln x) + C; (8)\frac{(\arcsin x)^2}{2} + C; (9)\frac{1}{2a}\ln\left|\frac{x-a}{x+a}\right| + C;$

$(10)\ln|\csc x - \cot x| + C; (11)\tan x + \frac{1}{2}\tan^2 x + C;$

$(12)\frac{1}{3}\ln|x^3-1| + C; (13)\frac{2^{x^2+1}}{2\ln 2} + C; (14)\frac{x}{8} - \frac{1}{32}\sin 4x + C;$

$(15)\frac{1}{3}\sin^3 x - \frac{1}{5}\sin^5 x + C; (16)-\frac{1}{5}\cos^5 x + \frac{1}{7}\cos^7 x + C;$

$(17)\frac{3}{10}(1+2x)^{\frac{5}{3}} + C; (18)e^x - \ln(1+e^x) + C;$

$(19)\frac{1}{2}\ln(x^2-2x+2) + C; (20)\ln(\sin x - \cos x) + C;$

$(21)\frac{x^3}{3} + \frac{x^2}{2} + x + 2\ln|x-1| + C.$

155

练习题 3.3

(1)$2\sqrt{x-1}-2\ln(\sqrt{x-1}+1)+C$；(2)$2\sqrt{x}-4\sqrt[4]{x}+4\ln(\sqrt[4]{x}+1)+C$；

(3)$(\arctan\sqrt{x})^2+C$；(4)$\arccos\dfrac{1}{x}+C$；(5)$\dfrac{x}{\sqrt{x^2+1}}+C$；

(6)$-\dfrac{\sqrt{9-x^2}}{x}-\arcsin\dfrac{x}{3}+C$.

练习题 3.4

(1)$x\sin x+\cos x+C$；(2)$x\ln(1+x^2)-2x+2\arctan x+C$；

(3)$-\dfrac{1}{2}x\cos2x+\dfrac{1}{4}\sin2x+C$；(4)$x\arccos x-\sqrt{1-x^2}+C$；

(5)$-x\mathrm{e}^{-x}-\mathrm{e}^{-x}+C$；(6)$(2x^2+1)\sin x+4x\cos x-4\cos x+C$；

(7)$\dfrac{x^3}{3}\ln x-\dfrac{x^3}{9}+C$；(8)$\dfrac{1}{5}\mathrm{e}^x(\cos2x+2\sin2x)+C$；

(9)$x^2\mathrm{e}^x-2x\mathrm{e}^x+2\mathrm{e}^x+C$；(10)$-2\sqrt{x}\cos\sqrt{x}+2\sin\sqrt{x}+C$；

(11)$3\mathrm{e}^{\sqrt[3]{x}}(\sqrt[3]{x^2}-2\sqrt[3]{x}-2)+C$；

(12)$\dfrac{1}{2}x^2\arccos x+\dfrac{1}{4}\arcsin x-\dfrac{1}{4}x\sqrt{1-x^2}+C$.

练习题 3.5

(1)$\dfrac{1}{\sqrt{3}}\ln\left|\dfrac{\sqrt{3+5x}-\sqrt{3}}{\sqrt{3+5x}+\sqrt{3}}\right|+C$；

(2)$\dfrac{x}{2}\sqrt{3x^2-2}-\dfrac{1}{\sqrt{3}}\ln|\sqrt{3}x+\sqrt{3x^2-2}|+C$；

(3)$\dfrac{1}{12}\ln\left|\dfrac{2+3x}{2-3x}\right|+C$；(4)$\dfrac{x^4}{4}\ln6x-\dfrac{x^4}{16}+C$；

(5)$\dfrac{\mathrm{e}^{3x}}{25}(3\sin2x-2\cos2x)+C$；

(6)$\dfrac{x}{2}\sqrt{4x^2+9}+\dfrac{9}{4}\ln|2x+\sqrt{4x^2+9}|+C$.

练习题 3.6

1. (1)$0\leqslant\displaystyle\int_{\frac{\pi}{2}}^{\pi}\dfrac{\sin x}{x}\mathrm{d}x\leqslant\dfrac{2}{\pi}$；(2)$0\leqslant\displaystyle\int_0^2 x\mathrm{e}^x\mathrm{d}x\leqslant4\mathrm{e}^2$；(3)$2\leqslant\displaystyle\int_{-1}^1\mathrm{e}^{x^2}\mathrm{d}x\leqslant2\mathrm{e}$；

(4)$\dfrac{4}{5}\leqslant\displaystyle\int_0^2\dfrac{x}{1+x^2}\mathrm{d}x\leqslant2$.

2. (1) $\int_0^{\frac{\pi}{2}} \left(\frac{\pi}{2} - x\right) \mathrm{d}x > \int_0^{\frac{\pi}{2}} \cos x \mathrm{d}x$; (2) $\int_0^1 \mathrm{e}^x \mathrm{d}x > \int_0^1 (1+x) \mathrm{d}x$;

(3) $\int_0^1 \arctan x \mathrm{d}x < \int_0^1 x \mathrm{d}x$; (4) $\int_1^{\mathrm{e}} \ln x \mathrm{d}x < \int_1^{\mathrm{e}} \ln^2 x \mathrm{d}x$.

3. $2\sqrt{2} - 2$.

4. $\dfrac{4}{3}$.

5. (1) $\dfrac{5}{6}$; (2) 1 ; (3) $\dfrac{\pi}{4} - \dfrac{2}{3}$; (4) $\dfrac{4\sqrt{3}}{3}$; (5) 4 ; (6) 1.

练习题 3.7

(1) $1 - \mathrm{e}^{-1}$; (2) $\dfrac{\pi}{2}$; (3) $\dfrac{2}{3}$; (4) $\dfrac{1}{4}$; (5) $2(\mathrm{e}^{-1} - \mathrm{e}^{-2})$; (6) $\dfrac{1}{3}$;

(7) $3\ln2 - \dfrac{3}{2}$; (8) $2 - \dfrac{\pi}{2}$; (9) $1 - \dfrac{\pi}{4}$; (10) $\dfrac{\pi}{6}$; (11) 0 ; (12) 0 ; (13) $2 - \dfrac{2}{\mathrm{e}}$;

(14) $1 - 2\mathrm{e}^{-1}$; (15) $\dfrac{2}{9}\mathrm{e}^3 + \dfrac{1}{9}$; (16) $\ln\dfrac{1+\mathrm{e}}{2}$; (17) $\dfrac{\pi}{4} - \ln\sqrt{2} - \dfrac{\pi^2}{32}$;

(18) $\dfrac{\mathrm{e}}{2}(\sin1 - \cos1) + \dfrac{1}{2}$.

练习题 3.8

(1) $\dfrac{1}{a}$; (2) 不存在 ; (3) $\dfrac{1}{2}$; (4) π ; (5) 2 ; (6) $-\dfrac{1}{4}$; (7) $\dfrac{\pi^2}{8}$; (8) $\dfrac{1}{6}$.

练习题 3.9

1. $\dfrac{2}{3}$.

2. $2(\sqrt{2} - 1)$.

3. $\dfrac{9}{2}$.

4. $\dfrac{7}{6}$.

5. $\dfrac{3}{2} - \ln2$.

6. 9.

7. $2\mathrm{e} - 1$.

8. $\dfrac{15\pi}{2}$.

9. $\dfrac{\pi^2}{2}$.

10. 8π.

复习题(三)

1. (1) 正确;(2) 错误;(3) 正确;(4) 错误;(5) 错误.

2. (1) -3;(2) $-\sin x+C$;(3) $-\sqrt{1-x^2}+C$;(4) $-\sin x$;

(5) $2e^x+xe^x$;(6) $x+C$;(7) e;(8) 3;(9) $\dfrac{1}{20}$.

3. (1)D. (2)B. (3)A. (4)B. (5)A. (6)B. (7)C. (8)B. (9)B.

4. (1) $\dfrac{3^{2x-3}}{2\ln 3}+C$;(2) $\dfrac{2}{5}x^{\frac{5}{2}}-2x^{\frac{3}{2}}+6x^{\frac{1}{2}}+2x^{-\frac{1}{2}}+C$;

(3) $-2x^{-1}+\arctan x+C$;(4) $\arctan x+\dfrac{1}{2}(x^2+1)^{-1}+C$;

(5) $\sin x-\cos x+C$;(6) e^x+x+C;(7) $-\cot x-\csc x+C$;

(8) $2x-\sin x-\cot x+C$.

5. $y=1+\ln|x|$.

6. (1)$s=t^3$(m/s);(2)$s=27$(m);(3)$t=10$(s).

7. (1) $\sqrt{1+x^2}+C$;(2) $-\sqrt{1-2\ln x}+C$;(3) $-\dfrac{2}{3}e^{-3\sqrt{x}}+C$;

(4) $\dfrac{1}{3}e^{3x+2}+C$;(5) $\dfrac{1}{3}\cos(1-x^3)+C$;(6) $\dfrac{1}{3}\arctan\left(\dfrac{\ln x}{3}\right)+C$;

(7) $\dfrac{1}{4}\tan^4 x+C$;(8) $\dfrac{1}{5}(3x+2)^{\frac{5}{3}}+C$;(9) $\dfrac{3}{5}(\arctan x)^{\frac{5}{3}}+C$;

(10) $\dfrac{1}{2}\ln|x^2+2\sin x|+C$;(11)$\ln|x^2+5x-5|+C$.

8. (1) $\dfrac{3}{20}\left(2x+\dfrac{7}{2}\right)(2x+1)^{\frac{2}{3}}+C$;

(2)$x-2\sqrt{x+2}+2\ln(1+\sqrt{x+2})+C$;(3)$\ln\dfrac{x}{(\sqrt[6]{x}+1)^6}+C$;

(4) $\dfrac{1}{2}\arcsin x-\dfrac{1}{2}x\sqrt{1-x^2}+C$;(5) $\sqrt{x^2-9}-3\arccos\dfrac{3}{|x|}+C$;

(6)$\ln\dfrac{\sqrt{e^x+1}-1}{\sqrt{e^x+1}+1}+C$.

9. (1) $\frac{1}{3}xe^{3x} - \frac{1}{9}e^{3x} + C$; (2) $(2x-1)\sin x + 2\cos x + C$;

(3) $\frac{1}{2}x^2\ln(1+x^4) - x^2 + \arctan x^2 + C$; (4) $\frac{2}{3}x^{\frac{3}{2}}\left(\ln x - \frac{2}{3}\right) + C$;

(5) $\frac{1}{2}\left(x^2\arctan\sqrt{x} - \frac{1}{3}x\sqrt{x} + \sqrt{x} - \arctan\sqrt{x}\right) + C$;

(6) $\ln x \cdot \ln(\ln x) - \ln x + C$; (7) $\frac{x}{2}(\cos\ln x + \sin\ln x) + C$.

10. (1) $2\sqrt{2}$; (2) $\frac{5}{2}$; (3) $\frac{22}{3}$; (4) 2; (5) $\arctan e - \frac{\pi}{4}$; (6) $\frac{56}{3} - 27\ln 2$;

(7) $-\frac{1}{8}(\ln 2)^2$; (8) $3\ln 3$; (9) $\frac{64}{15}$; (10) 1; (11) $\frac{\pi}{8}$; (12) $\ln 2$.

11. $y = x^3 - 3x + 2$.

12. $y = x^3 - 6x^2 + 9x + 2$.

13. $s = t^3 + 2t^2 + 2t - 4$ (m).

练习题 4.1

1. (1) 错; (2) 对; (3) 错; (4) 错; (5) 对; (6) 错; (7) 错; (8) 错; (9) 错.

2. 141.4 n mile.

3. (1) $0°$; (2) 120 n mile.

4. 120 n mile.

5. 490 n mile.

练习题 4.2

1. (1) 错; (2) 错; (3) 错; (4) 错; (5) 对.

2. $90°$.

3. $90°、90°、60°$.

4. (1) ×; (2) √; (3) ×; (4) √; (5) ×;

(6) ×; (7) √; (8) ×; (9) √; (10) ×.

5 ~ 9. 略.

练习题 4.3

1. 略.

2. 提示:利用角的余弦公式.

3. $A = 108°.5, B = 50°.7, A = 33°.2$.

4. 提示：$\dfrac{\sin x}{\overset{\frown}{AD}} = \dfrac{\sin\angle CDA}{\sin a}$, $\dfrac{\sin y}{\overset{\frown}{BD}} = \dfrac{\sin\angle CDB}{\sin b}$.

5. $c = 69.3°, A = 67.8°$.

练习题 4.4

1. $\cot A\cot C, \cos c\cos a$.

2. $-\cot b\cot c, -\cos B\cos C$.

3. $A = 40°53', B = 130°54', c = 41°24'$.

4. $A = 130°4', b = 39°13', c = 63°26'$.

5. 略.

练习题 4.5

1. $59''$.

2. $0°3'25''$.

3. $C = 1°1'14'', a = 44°35'$.

练习题 4.6

1. $55°25.'1$；

2. $106°58.'9$；

3. $34°15.'1$；

4. $33°34.'6$；

5. $44°24.'6$；

6. $131°00.'9$.

练习题 4.7

1. (1)$50°02.'0W$；(2)$50°02.'0E$；(3)$162°34.'0E$；(4)$17°26.'0E$；
(5)$17°26.'0E$；(6)$162°34.'0E$；(7)$151°1.'0E$；(8)$28°59.'0E$.

2. $S_L = 3860.5$ n mile, $C_I = 33.7°$.

3. $S_L = 1524.6$ n mile, $C_I = 71.8°$.

4. $S_L = 4376.3$ n mile, $C_I = 73.3°$.

复习题(四)

1. 略.

2. (1) 不存在；(2) 不存在；(3) 存在；(4) 不存在；(5) 不存在；(6) 存在；

(7) 存在.

   3.(1)A；(2)D；(3)C.

   4.(1)$c = 55°25.'1$；(2)$A = 36°28.'2$；(3)$B = 34°15.'1$；(4)$A = 44°24.'6$；(5) $c = 131°00.'9$.

   5.$S_L = 9334.2$ n mile，$C_I = 126.0°$.

   6.$\sqrt{2Rh + h^2}$.

练习题 5.2

   2.(1)$\sigma = \pm 0'.42$；(2)$\sigma_1 = \pm 0'.41$；(4)$\theta = 0'.38$；(5)$\rho = 0'.35$.

   3.(1)$\sigma = \pm 0.084$；(2)$\theta = 0.071$；(3)$\rho = 0.06$.

   4.(1)82 次；(2)84 次；(3)32 次；(4)95 次.

练习题 5.3

   1.$\sigma = \pm 1'.62$.

   2.$\sigma = \pm 4'.24$.

   3.$\sigma = \pm 1'.6$.

   4.$\sigma_z = \pm 1.57$ mm.

   5.$\sigma_z = \pm 1.18$ mm.

练习题 5.4

   4.$n = 9$ 次.

   5.$\pm 0.'1$.

   6.$\rho = 46.03$ m.

   7.$\sigma = \pm 0.33$，$\sigma_{\bar{x}} = \pm 0.14$.

练习题 5.5

   1.$\bar{x} = 76.15$，$\sigma_{\bar{x}} = \pm 0.078$.

   2.$\sigma = \pm 0'.15$，$\bar{x} + \sigma_{\bar{x}} = 47°15'.46 \pm 0'.057$.

   3.$\sigma = \pm 0.36$，$\bar{x} + \sigma_{\bar{x}} = 15.75 \pm 0.148$.

   4.$\sigma = \pm 0.24$，$\sigma_{\bar{x}} = \pm 0.98$.

   5.(1)$\bar{x}_1 = 25.48$，$\sigma_{\bar{x}_1} = \pm 0.174$；$\bar{x}_2 = 25.3$，$\sigma_{\bar{x}_2} = \pm 0.14$.(2) 乙丈量的结果更好.

   6.(1)$p_1 = 1, p_2 = 2, p_3 = 1$；(2)$\sigma_0 = \pm 3'.52$；(3)$\bar{x} = 20°36'.25$，$\sigma_{\bar{x}} = \pm 1'.76$.

复习题(五)

   2.(B).

3. $\sigma_z = \pm 2'$.

4. $\sigma_w = \pm 0.98$.

5. (D).

6. (C).

7. (1)$\sigma_z = \pm 6''$; (2)$\sigma_z = \pm 4''.24$.

8. $\overline{x} = 70.88$, $\sigma_{\overline{x}} = \pm 0.24$.

9. (1)$p_1 : p_2 = 1.16$; (2)$\sigma_0 = \pm 0'.18$; (3)$\overline{x} = 30°15'.53$, $\sigma_{\overline{x}} = \pm 0'.12$.

附录　　积分表

说明：(1) 表中均省略了常数 C；(2) $\ln g(x)$ 均指 $\ln|g(x)|$.

一、含 $ax+b$

1. $\displaystyle\int \frac{1}{ax+b}\mathrm{d}x = \frac{1}{a}\ln(ax+b)$.

2. $\displaystyle\int \frac{1}{(ax+b)^2}\mathrm{d}x = -\frac{1}{a(ax+b)}$.

3. $\displaystyle\int \frac{1}{(ax+b)^3}\mathrm{d}x = -\frac{1}{2a}\frac{1}{(ax+b)^2}$.

4. $\displaystyle\int x(ax+b)^n\mathrm{d}x = \frac{(ax+b)^{n+2}}{a^2(n+2)} - \frac{b(ax+b)^{n+1}}{a^2(n+1)}$ 　$(n\neq-1,-2)$.

5. $\displaystyle\int \frac{x}{ax+b}\mathrm{d}x = \frac{x}{a} - \frac{b}{a^2}\ln(ax+b)$.

6. $\displaystyle\int \frac{x}{(ax+b)^2}\mathrm{d}x = \frac{b}{a^2(ax+b)} + \frac{1}{a^2}\ln(ax+b)$.

7. $\displaystyle\int \frac{x}{(ax+b)^3}\mathrm{d}x = \frac{b}{2a^2(ax+b)^2} - \frac{1}{a^2(ax+b)}$.

8. $\displaystyle\int x^2(ax+b)^n\mathrm{d}x = \frac{1}{a^3}\left[\frac{(ax+b)^{n+3}}{n+3} - 2b\frac{(ax+b)^{n+2}}{n+2} + b^2\frac{(ax+b)^{n+1}}{n+1}\right]$

$(n\neq-1,-2,-3)$.

9. $\displaystyle\int \frac{1}{x(ax+b)}\mathrm{d}x = -\frac{1}{b}\ln\frac{ax+b}{x}$.

10. $\displaystyle\int \frac{1}{x^2(ax+b)}\mathrm{d}x = -\frac{1}{bx} + \frac{a}{b^2}\ln\frac{ax+b}{x}$.

11. $\displaystyle\int \frac{1}{x^3(ax+b)}\mathrm{d}x = \frac{2ax-b}{2b^2x^2} - \frac{a^2}{b^3}\ln\frac{ax+b}{x}$.

12. $\displaystyle\int \frac{1}{x(ax+b)^2}\mathrm{d}x = \frac{1}{b(ax+b)} - \frac{1}{b^2}\ln\frac{ax+b}{x}$.

13. $\displaystyle\int \frac{1}{x(ax+b)^3}\mathrm{d}x = \frac{1}{b^3}\left[\frac{1}{2}\left(\frac{ax+2b}{ax+b}\right)^2 - \ln\frac{ax+b}{x}\right]$.

二、含 $\sqrt{ax+b}$

14. $\displaystyle\int \sqrt{ax+b}\,\mathrm{d}x = \frac{2}{3a}\sqrt{(ax+b)^3}$.

15. $\displaystyle\int x\sqrt{ax+b}\,\mathrm{d}x = \frac{2(3ax-2b)}{15a^2}\sqrt{(ax+b)^3}$.

16. $\displaystyle\int x^2\sqrt{ax+b}\,\mathrm{d}x = \frac{2(15a^2x^2-12abx+8b^2)}{105a^3}\sqrt{(ax+b)^3}$.

17. $\displaystyle\int x^n\sqrt{ax+b}\,\mathrm{d}x = \frac{2x^n}{(2n+3)a}\sqrt{(ax+b)^3} -$
$\displaystyle\frac{2nb}{(2n+3)a}\int x^{n-1}\sqrt{ax+b}\,\mathrm{d}x$.

18. $\displaystyle\int \frac{1}{\sqrt{ax+b}}\,\mathrm{d}x = \frac{2}{a}\sqrt{ax+b}$.

19. $\displaystyle\int \frac{x}{\sqrt{ax+b}}\,\mathrm{d}x = \frac{2(ax-2b)}{3a^2}\sqrt{ax+b}$.

20. $\displaystyle\int \frac{x^n}{\sqrt{ax+b}}\,\mathrm{d}x = \frac{2x^n}{(2n+1)a}\sqrt{ax+b} - \frac{2nb}{(2n+1)a}\int \frac{x^{n-1}}{\sqrt{ax+b}}\,\mathrm{d}x$.

21. $\displaystyle\int \frac{1}{x\sqrt{ax+b}}\,\mathrm{d}x = \frac{1}{\sqrt{b}}\ln\frac{\sqrt{ax+b}-\sqrt{b}}{\sqrt{ax+b}+\sqrt{b}}\quad (b>0)$.

22. $\displaystyle\int \frac{1}{x\sqrt{ax+b}}\,\mathrm{d}x = \frac{2}{\sqrt{-b}}\arctan\sqrt{\frac{ax+b}{-b}}\quad (b<0)$.

23. $\displaystyle\int \frac{1}{x^n\sqrt{ax+b}}\,\mathrm{d}x = -\frac{\sqrt{ax+b}}{(n-1)bx^{n-1}} - \frac{(2n-3)a}{2(n-1)b}\int \frac{\mathrm{d}x}{x^{n-1}\sqrt{ax+b}}$
$(n>1)$.

24. $\displaystyle\int \frac{\sqrt{ax+b}}{x}\,\mathrm{d}x = 2\sqrt{ax+b} + b\int \frac{1}{x\sqrt{ax+b}}\,\mathrm{d}x$.

25. $\displaystyle\int \frac{\sqrt{ax+b}}{x^n}\,\mathrm{d}x = -\frac{\sqrt{(ax+b)^3}}{(n-1)bx^{n-1}} - \frac{(2n-5)a}{2(n-1)b}\int \frac{\sqrt{ax+b}}{x^{n-1}}\,\mathrm{d}x$
$(n>1)$.

26. $\displaystyle\int x\sqrt{(ax+b)^n}\,\mathrm{d}x = \frac{2}{a^2}\left[\frac{1}{n+4}\sqrt{(ax+b)^{n+4}} - \frac{b}{n+2}\sqrt{(ax+b)^{n+2}}\right]$.

27. $\displaystyle\int \frac{x}{\sqrt{(ax+b)^n}}\,\mathrm{d}x = \frac{2}{a^2}\left[\frac{b}{n-2}\frac{1}{\sqrt{(ax+b)^{n-2}}} - \frac{1}{n-4}\frac{1}{\sqrt{(ax+b)^{n-4}}}\right]$.

三、含 $\sqrt{ax+b}$，$\sqrt{cx+d}$

28. $\displaystyle\int \frac{1}{\sqrt{ax+b}\ \sqrt{cx+d}}\mathrm{d}x = \frac{2}{\sqrt{ac}}\mathrm{arth}\sqrt{\frac{c(ax+b)}{a(cx+d)}}\ \ (ac>0).$

29. $\displaystyle\int \frac{1}{\sqrt{ax+b}\ \sqrt{cx+d}}\mathrm{d}x = \frac{2}{\sqrt{-ac}}\mathrm{arctan}\sqrt{\frac{-c(ax+b)}{a(cx+d)}}\ \ (ac<0).$

30. $\displaystyle\int \sqrt{ax+b}\ \sqrt{cx+d}\,\mathrm{d}x = \frac{2acx+ad+bc}{4ac}\ \sqrt{ax+b}\ \sqrt{cx+d}\ -$

$\displaystyle\quad\quad \frac{(ad-bc)^2}{8ac}\int \frac{\mathrm{d}x}{\sqrt{ax+b}\ \sqrt{cx+d}}.$

31. $\displaystyle\int \sqrt{\frac{ax+b}{cx+d}}\,\mathrm{d}x = \frac{\sqrt{ax+b}\ \sqrt{cx+d}}{c} - \frac{ad-bc}{2c}\int \frac{\mathrm{d}x}{\sqrt{ax+b}\ \sqrt{cx+d}}.$

32. $\displaystyle\int \frac{1}{\sqrt{(x-a)(b-x)}}\mathrm{d}x = 2\mathrm{arcsin}\sqrt{\frac{x-a}{b-a}}.$

四、含 ax^2+c

33. $\displaystyle\int \frac{1}{ax^2+c}\mathrm{d}x = \frac{1}{\sqrt{ac}}\mathrm{arctan}\left(x\sqrt{\frac{a}{c}}\right)\ (a>0,c>0).$

34. $\displaystyle\int \frac{1}{ax^2+c}\mathrm{d}x = \frac{1}{2\sqrt{-ac}}\ln\frac{x\sqrt{a}-\sqrt{-c}}{x\sqrt{a}+\sqrt{-c}}\ (a>0,c<0).$

35. $\displaystyle\int \frac{1}{(ax^2+c)^n}\mathrm{d}x = \frac{x}{2c(n-1)(ax^2+c)^{n-1}}+$

$\displaystyle\quad\quad \frac{2n-3}{2c(n-1)}\int \frac{\mathrm{d}x}{(ax^2+c)^{n-1}}\ (n>1).$

36. $\displaystyle\int x(ax^2+c)^n\mathrm{d}x = \frac{(ax^2+c)^{n+1}}{2a(n+1)}\ (n\neq-1).$

37. $\displaystyle\int \frac{x}{ax^2+c}\mathrm{d}x = \frac{1}{2a}\ln(ax^2+c).$

38. $\displaystyle\int \frac{x^2}{ax^2+c}\mathrm{d}x = \frac{x}{a} - \frac{c}{a}\int \frac{\mathrm{d}x}{ax^2+c}.$

39. $\displaystyle\int \frac{x^n}{ax^2+c}\mathrm{d}x = \frac{x^{n-1}}{a(n-1)} - \frac{c}{a}\int \frac{x^{n-2}}{ax^2+c}\mathrm{d}x\ (n\neq-1).$

五、含 $\sqrt{ax^2+c}$

40. $\displaystyle\int \sqrt{ax^2+c}\,\mathrm{d}x = \frac{x}{2}\sqrt{ax^2+c} + \frac{c}{2\sqrt{a}}\ln(x\sqrt{a}+\sqrt{ax^2+c})\,(a>0).$

41. $\displaystyle\int \sqrt{ax^2+c}\,\mathrm{d}x = \frac{x}{2}\sqrt{ax^2+c} + \frac{c}{2\sqrt{-a}}\arcsin(x\sqrt{\frac{-a}{c}})\,(a<0).$

42. $\displaystyle\int \sqrt{(ax^2+c)^3}\,\mathrm{d}x = \frac{x}{8}(2ax^2+5c)\sqrt{ax^2+c} + \frac{3c^2}{8\sqrt{a}}\ln(x\sqrt{a}+\sqrt{ax^2+c})\,(a>0).$

43. $\displaystyle\int \sqrt{(ax^2+c)^3}\,\mathrm{d}x = \frac{x}{8}(2ax^2+5c)\sqrt{ax^2+c} + \frac{3c^2}{8\sqrt{-a}}\arcsin(x\sqrt{\frac{-a}{c}})\,(a<0).$

44. $\displaystyle\int x\sqrt{ax^2+c}\,\mathrm{d}x = \frac{1}{3a}\sqrt{(ax^2+c)^3}.$

45. $\displaystyle\int x^2\sqrt{ax^2+c}\,\mathrm{d}x = \frac{x}{4a}\sqrt{(ax^2+c)^3} - \frac{cx}{8a}\sqrt{ax^2+c} - \frac{c^2}{8\sqrt{a^3}}\ln(x\sqrt{a}+\sqrt{ax^2+c})\,(a>0).$

46. $\displaystyle\int x^2\sqrt{ax^2+c}\,\mathrm{d}x = \frac{x}{4a}\sqrt{(ax^2+c)^3} - \frac{cx}{8a}\sqrt{ax^2+c} - \frac{c^2}{8a\sqrt{-a}}\arcsin(x\sqrt{\frac{-a}{c}})\,(a<0).$

47. $\displaystyle\int x^n\sqrt{ax^2+c}\,\mathrm{d}x = \frac{x^{n-1}}{(n+2)a}\sqrt{(ax^2+c)^3} - \frac{(x-1)c}{(n+2)a}\int x^{n-2}\sqrt{ax^2+c}\,\mathrm{d}x\,(n>0).$

48. $\displaystyle\int x\sqrt{(ax^2+c)^3}\,\mathrm{d}x = \frac{1}{5a}\sqrt{(ax^2+c)^5}.$

49. $\displaystyle\int x^2\sqrt{(ax^2+c)^3}\,\mathrm{d}x = \frac{x^3}{6}\sqrt{(ax^2+c)^3} + \frac{c}{2}\int x^2\sqrt{ax^2+c}\,\mathrm{d}x.$

50. $\displaystyle\int x^n\sqrt{(ax^2+c)^3}\,\mathrm{d}x = \frac{x^{n+1}}{n+4}\sqrt{(ax^2+c)^3} + \frac{3c}{n+4}\int x^n\sqrt{ax^2+c}\,\mathrm{d}x\,(n>0).$

51. $\int \dfrac{\sqrt{ax^2+c}}{x}\mathrm{d}x = \sqrt{ax^2+c} + \sqrt{c}\ln\dfrac{\sqrt{ax^2+c}-\sqrt{c}}{x}(c>0).$

52. $\int \dfrac{\sqrt{ax^2+c}}{x}\mathrm{d}x = \sqrt{ax^2+c} - \sqrt{-c}\arctan\dfrac{\sqrt{ax^2+c}}{\sqrt{-c}}(c<0).$

53. $\int \dfrac{\sqrt{ax^2+c}}{x^n}\mathrm{d}x = -\dfrac{\sqrt{(ax^2+c)^3}}{c(n-1)x^{n-1}} - \dfrac{(n-4)a}{(n-1)c}\int \dfrac{\sqrt{ax^2+c}}{x^{n-2}}\mathrm{d}x(n>1).$

54. $\int \dfrac{\mathrm{d}x}{\sqrt{ax^2+c}} = \dfrac{1}{\sqrt{a}}\ln(x\sqrt{a}+\sqrt{ax^2+c})(a>0).$

55. $\int \dfrac{\mathrm{d}x}{\sqrt{ax^2+c}} = \dfrac{1}{\sqrt{-a}}\arcsin(x\sqrt{\dfrac{-a}{c}})(a<0).$

56. $\int \dfrac{\mathrm{d}x}{\sqrt{(ax^2+c)^3}} = \dfrac{x}{c\sqrt{ax^2+c}}.$

57. $\int \dfrac{x}{\sqrt{ax^2+c}}\mathrm{d}x = \dfrac{1}{a}\sqrt{ax^2+c}.$

58. $\int \dfrac{x^2}{\sqrt{ax^2+c}}\mathrm{d}x = \dfrac{x}{a}\sqrt{ax^2+c} - \dfrac{1}{a}\int \sqrt{ax^2+c}\,\mathrm{d}x.$

59. $\int \dfrac{x^n}{\sqrt{ax^2+c}}\mathrm{d}x = \dfrac{x^{n-1}}{na}\sqrt{ax^2+c} - \dfrac{(n-1)c}{na}\int \dfrac{x^{n-2}}{\sqrt{ax^2+c}}\mathrm{d}x(n>0).$

60. $\int \dfrac{1}{x\sqrt{ax^2+c}}\mathrm{d}x = \dfrac{1}{\sqrt{c}}\ln\dfrac{\sqrt{ax^2+c}-\sqrt{c}}{x}(c>0).$

61. $\int \dfrac{1}{x\sqrt{ax^2+c}}\mathrm{d}x = \dfrac{1}{\sqrt{-c}}\text{arcsec}(x\sqrt{\dfrac{-a}{c}})(c<0).$

62. $\int \dfrac{1}{x^2\sqrt{ax^2+c}}\mathrm{d}x = -\dfrac{\sqrt{ax^2+c}}{cx}.$

63. $\int \dfrac{1}{x^n\sqrt{ax^2+c}}\mathrm{d}x = -\dfrac{\sqrt{ax^2+c}}{c(n-1)x^{n-1}} - \dfrac{(n-2)a}{(n-1)c}\int \dfrac{\mathrm{d}x}{x^{n-2}\sqrt{ax^2+c}}(n>1).$

六、含 ax^2+bx+c

64. $\int \dfrac{1}{ax^2+bx+c}\mathrm{d}x = \dfrac{1}{\sqrt{b^2-4ac}}\ln\dfrac{2ax+b-\sqrt{b^2-4ac}}{2ax+b+\sqrt{b^2-4ac}}(b^2>4ac).$

65. $\int \dfrac{1}{ax^2+bx+c}\mathrm{d}x = \dfrac{2}{\sqrt{4ac-b^2}}\arctan\dfrac{2ax+b}{\sqrt{4ac-b^2}}(b^2<4ac).$

66. $\int \dfrac{1}{ax^2+bx+c}\mathrm{d}x = -\dfrac{2}{2ax+b}\ (b^2=4ac)$.

67. $\int \dfrac{1}{(ax^2+bx+c)^n}\mathrm{d}x = \dfrac{2ax+b}{(n-1)(4ac-b^2)(ax^2+bx+c)^{n-1}} +$

$\dfrac{2(2n-3)a}{(n-1)(4ac-b^2)}\int \dfrac{1}{(ax^2+bx+c)^{n-1}}\mathrm{d}x\,(n>1,b^2\neq 4ac)$.

68. $\int \dfrac{x}{ax^2+bx+c}\mathrm{d}x = \dfrac{1}{2a}\ln(ax^2+bx+c) - \dfrac{b}{2a}\int \dfrac{\mathrm{d}x}{ax^2+bx+c}$.

69. $\int \dfrac{x^2}{ax^2+bx+c}\mathrm{d}x = \dfrac{x}{a} - \dfrac{b}{2a^2}\ln(ax^2+bx+c) +$

$\dfrac{b^2-2ac}{2a^2}\int \dfrac{\mathrm{d}x}{ax^2+bx+c}$.

70. $\int \dfrac{x^n}{ax^2+bx+c}\mathrm{d}x = \dfrac{x^{n-1}}{(n-1)a} - \dfrac{c}{a}\int \dfrac{x^{n-2}}{ax^2+bx+c}\mathrm{d}x -$

$\dfrac{b}{a}\int \dfrac{x^{n-1}}{ax^2+bx+c}\mathrm{d}x\,(n>1)$.

七、含 $\sqrt{ax^2+bx+c}$

71. $\int \dfrac{1}{\sqrt{ax^2+bx+c}}\mathrm{d}x = \dfrac{1}{\sqrt{a}}\ln(2ax+b+2\sqrt{a}\ \sqrt{ax^2+bx+c})\ (a>0)$.

72. $\int \dfrac{\mathrm{d}x}{\sqrt{ax^2+bx+c}} = \dfrac{1}{\sqrt{-a}}\arcsin\dfrac{-2ax-b}{\sqrt{b^2-4ac}}\ (a<0,b^2>4ac)$.

73. $\int \dfrac{x\mathrm{d}x}{\sqrt{ax^2+bx+c}} = \dfrac{\sqrt{ax^2+bx+c}}{a} - \dfrac{b}{2a}\int \dfrac{\mathrm{d}x}{\sqrt{ax^2+bx+c}}$.

74. $\int \dfrac{x^n\mathrm{d}x}{\sqrt{ax^2+bx+c}} = \dfrac{x^{n-1}}{na}\sqrt{ax^2+bx+c} -$

$\dfrac{(2n-1)b}{2na}\int \dfrac{x^{n-1}}{\sqrt{ax^2+bx+c}}\mathrm{d}x - \dfrac{(n+1)c}{na}\int \dfrac{x^{n-2}}{\sqrt{ax^2+bx+c}}\mathrm{d}x$.

75. $\int \sqrt{ax^2+bx+c}\,\mathrm{d}x = \dfrac{2ax+b}{4a}\sqrt{ax^2+bx+c} -$

$\dfrac{b^2-4ac}{8a}\int \dfrac{\mathrm{d}x}{\sqrt{ax^2+bx+c}}$.

76. $\int x\sqrt{ax^2+bx+c}\,\mathrm{d}x = \dfrac{1}{3a}\sqrt{(ax^2+bx+c)^3} -$

$\dfrac{b}{2a}\int \sqrt{ax^2+bx+c}\,\mathrm{d}x$.

77. $\int x^2 \sqrt{ax^2+bx+c}\,\mathrm{d}x = (x-\dfrac{5b}{6a})\dfrac{\sqrt{(ax^2+bx+c)^3}}{4a} +$

$\dfrac{5b^2-4ac}{16a^2}\int \sqrt{ax^2+bx+c}\,\mathrm{d}x.$

78. $\int \dfrac{1}{x\sqrt{ax^2+bx+c}}\,\mathrm{d}x = -\dfrac{1}{\sqrt{c}}\ln(\dfrac{\sqrt{ax^2+bx+c}+\sqrt{c}}{x} + \dfrac{b}{2\sqrt{c}})\ (c>0).$

79. $\int \dfrac{\mathrm{d}x}{x\sqrt{ax^2+bx+c}} = \dfrac{1}{\sqrt{-c}}\arcsin \dfrac{bx+2c}{x\sqrt{b^2-4ac}}\ (c<0,b^2>4ac).$

80. $\int \dfrac{\mathrm{d}x}{x\sqrt{ax^2+bx}} = -\dfrac{2}{bx}\sqrt{ax^2+bx}.$

81. $\int \dfrac{\mathrm{d}x}{x^n\sqrt{ax^2+bx+c}} = -\dfrac{\sqrt{ax^2+bx+c}}{(n-1)cx^{n-1}} -$

$\dfrac{(2n-3)b}{2(n-1)c}\int \dfrac{\mathrm{d}x}{x^{n-1}\sqrt{ax^2+bx+c}} - \dfrac{(n-2)a}{(n-1)c}\int \dfrac{\mathrm{d}x}{x^{n-2}\sqrt{ax^2+bx+c}}$

$(n>1).$

八、含 sinax

82. $\int \sin ax\,\mathrm{d}x = -\dfrac{1}{a}\cos ax.$

83. $\int \sin^2 ax\,\mathrm{d}x = \dfrac{x}{2} - \dfrac{1}{4a}\sin 2ax.$

84. $\int \sin^3 ax\,\mathrm{d}x = -\dfrac{1}{a}\cos ax + \dfrac{1}{3a}\cos^3 ax.$

85. $\int \sin^n ax\,\mathrm{d}x = -\dfrac{1}{na}\sin^{n-1}ax\cos ax + \dfrac{n-1}{n}\int \sin^{n-2}ax\,\mathrm{d}x$ (n 为正整数).

86. $\int \dfrac{1}{\sin ax}\,\mathrm{d}x = \dfrac{1}{a}\ln\tan\dfrac{ax}{2}.$

87. $\int \dfrac{1}{\sin^2 ax}\,\mathrm{d}x = -\dfrac{1}{a}\cot ax.$

88. $\int \dfrac{1}{\sin^n ax}\,\mathrm{d}x = -\dfrac{\cos ax}{(n-1)a\sin^{n-1}ax} + \dfrac{n-2}{n-1}\int \dfrac{\mathrm{d}x}{\sin^{n-2}ax}$ ($n\geqslant 2$,为整数).

89. $\int \dfrac{1}{1\pm\sin ax}\,\mathrm{d}x = \mp\dfrac{1}{a}\tan(\dfrac{\pi}{4}\mp\dfrac{ax}{2}).$

90. $\int \dfrac{1}{b+c\sin ax}\,\mathrm{d}x = -\dfrac{2}{a\sqrt{b^2-c^2}}\arctan\left[\sqrt{\dfrac{b-c}{b+c}}\tan(\dfrac{\pi}{4}-\dfrac{ax}{2})\right]$

$(b^2>c^2).$

91. $\int \dfrac{1}{b+c\sin ax}\mathrm{d}x = -\dfrac{1}{a\sqrt{c^2-b^2}}\ln\dfrac{c+b\sin ax+\sqrt{c^2-b^2}\cos ax}{b+c\sin ax}$

$(b^2 < c^2)$.

92. $\int \sin ax\sin bx\,\mathrm{d}x = \dfrac{\sin(a-b)x}{2(a-b)} - \dfrac{\sin(a+b)x}{2(a+b)}$ $(|a|\neq|b|)$.

九、含 cosax

93. $\int \cos ax\,\mathrm{d}x = \dfrac{1}{a}\sin ax$.

94. $\int \cos^2 ax\,\mathrm{d}x = \dfrac{x}{2} + \dfrac{1}{4a}\sin 2ax$.

95. $\int \cos^n ax\,\mathrm{d}x = \dfrac{1}{na}\cos^{n-1} ax\sin ax + \dfrac{n-1}{n}\int \cos^{n-2} ax\,\mathrm{d}x$ （n 为正整数）.

96. $\int \dfrac{1}{\cos ax}\mathrm{d}x = \dfrac{1}{a}\ln\tan(\dfrac{\pi}{4} + \dfrac{ax}{2})$.

97. $\int \dfrac{1}{\cos^2 ax}\mathrm{d}x = \dfrac{1}{a}\tan ax$.

98. $\int \dfrac{1}{\cos^n ax}\mathrm{d}x = \dfrac{\sin ax}{(n-1)a\cos^{n-1} ax} + \dfrac{n-2}{n-1}\int \dfrac{\mathrm{d}x}{\cos^{n-2} ax}$ （$n\geqslant 2$, 为整数）.

99. $\int \dfrac{1}{1+\cos ax}\mathrm{d}x = \dfrac{1}{a}\tan\dfrac{ax}{2}$.

100. $\int \dfrac{1}{1-\cos ax}\mathrm{d}x = -\dfrac{1}{a}\cot\dfrac{ax}{2}$.

101. $\int \dfrac{1}{b+c\cos ax}\mathrm{d}x = \dfrac{1}{a\sqrt{b^2-c^2}}\arctan\dfrac{\sqrt{b^2-c^2}\sin ax}{c+b\cos ax}$ $(|b|>|c|)$.

102. $\int \dfrac{1}{b+c\cos ax}\mathrm{d}x = \dfrac{1}{c-b}\sqrt{\dfrac{c-b}{c+b}}\ln\dfrac{\tan\dfrac{x}{2}+\sqrt{\dfrac{c+b}{c-b}}}{\tan\dfrac{x}{2}-\sqrt{\dfrac{c+b}{c-b}}}$ $(|b|<|c|)$.

103. $\int \cos ax\cos bx\,\mathrm{d}x = \dfrac{\sin(a-b)x}{2(a-b)} + \dfrac{\sin(a+b)x}{2(a+b)}$ $(|a|\neq|b|)$.

十、含 sinax ,cosax

104. $\int \sin ax\cos bx\,\mathrm{d}x = -\dfrac{\cos(a-b)x}{2(a-b)} - \dfrac{\cos(a+b)x}{2(a+b)}$ $(|a|\neq|b|)$.

105. $\int \sin^n ax \cos ax \, \mathrm{d}x = \dfrac{1}{(n+1)a} \sin^{n+1} ax \quad (n \neq -1).$

106. $\int \sin ax \cos^n ax \, \mathrm{d}x = -\dfrac{1}{(n+1)a} \cos^{n+1} ax \quad (n \neq -1).$

107. $\int \dfrac{\sin ax}{\cos ax} \, \mathrm{d}x = -\dfrac{1}{a} \ln \cos ax.$

108. $\int \dfrac{\cos ax}{\sin ax} \, \mathrm{d}x = \dfrac{1}{a} \ln \sin ax.$

109. $\int \dfrac{\mathrm{d}x}{b^2 \cos^2 ax + c^2 \sin^2 ax} = \dfrac{1}{abc} \arctan \dfrac{c \tan ax}{b}.$

110. $\int \sin^2 ax \cos^2 ax \, \mathrm{d}x = \dfrac{x}{8} - \dfrac{1}{32a} \sin 4ax.$

111. $\int \dfrac{\mathrm{d}x}{\sin ax \cos ax} = \dfrac{1}{a} \ln \tan ax.$

112. $\int \dfrac{\mathrm{d}x}{\sin^2 ax \cos^2 ax} = \dfrac{1}{a} (\tan ax - \cot ax).$

113. $\int \dfrac{\sin^2 ax}{\cos ax} \, \mathrm{d}x = -\dfrac{1}{a} \sin ax + \dfrac{1}{a} \ln \tan\left(\dfrac{\pi}{4} + \dfrac{ax}{2}\right).$

114. $\int \dfrac{\cos^2 ax}{\sin ax} \, \mathrm{d}x = \dfrac{1}{a} \cos ax + \dfrac{1}{a} \ln \tan \dfrac{ax}{2}.$

115. $\int \dfrac{\cos ax}{b + c \sin ax} \, \mathrm{d}x = \dfrac{1}{ac} \ln(b + c \sin ax).$

116. $\int \dfrac{\sin ax}{b + c \cos ax} \, \mathrm{d}x = -\dfrac{1}{ac} \ln(b + c \cos ax).$

117. $\int \dfrac{\mathrm{d}x}{b \sin ax + c \cos ax} = -\dfrac{1}{a\sqrt{b^2 + c^2}} \ln \tan \dfrac{ax + \arctan \dfrac{c}{b}}{2}.$

十一、含 tanax, cotax

118. $\int \tan ax \, \mathrm{d}x = -\dfrac{1}{a} \ln \cos ax.$

119. $\int \cot ax \, \mathrm{d}x = \dfrac{1}{a} \ln \sin ax.$

120. $\int \tan^2 ax \, \mathrm{d}x = \dfrac{1}{a} \tan ax - x.$

121. $\int \cot^2 ax \, \mathrm{d}x = -\dfrac{1}{a} \cot ax - x.$

122. $\int \tan^n ax \, dx = \dfrac{1}{(n-1)a} \tan^{n-1} ax - \int \tan^{n-2} ax \, dx \, (n \geqslant 2, 为整数)$.

123. $\int \cot^n ax \, dx = -\dfrac{1}{(n-1)a} \cot^{n-1} ax - \int \cot^{n-2} ax \, dx \, (n \geqslant 2, 为整数)$.

十二、含 $x^n \sin ax$，$x^n \cos ax$

124. $\int x \sin ax \, dx = \dfrac{1}{a^2} \sin ax - \dfrac{1}{a} x \cos ax$.

125. $\int x^2 \sin ax \, dx = \dfrac{2x}{a^2} \sin ax + \dfrac{2}{a^3} \cos ax - \dfrac{x^2}{a} \cos ax$.

126. $\int x^n \sin ax \, dx = -\dfrac{x^n}{a} \cos ax + \dfrac{n}{a} \int x^{n-1} \cos ax \, dx$.

127. $\int x \cos ax \, dx = \dfrac{1}{a^2} \cos ax + \dfrac{x}{a} \sin ax$.

128. $\int x^2 \cos ax \, dx = \dfrac{2x}{a^2} \cos ax - \dfrac{2}{a^3} \sin ax + \dfrac{x^2}{a} \sin ax$.

129. $\int x^n \cos ax \, dx = \dfrac{x^n}{a} \sin ax - \dfrac{n}{a} \int x^{n-1} \sin ax \, dx \, (n > 0)$.

十三、含 e^{ax}

130. $\int e^{ax} \, dx = \dfrac{1}{a} e^{ax}$.

131. $\int b^{ax} \, dx = \dfrac{1}{a \ln b} b^{ax}$.

132. $\int x e^{ax} \, dx = \dfrac{e^{ax}}{a^2} (ax - 1)$.

133. $\int x b^{ax} \, dx = \dfrac{x b^{ax}}{a \ln b} - \dfrac{b^{ax}}{a^2 (\ln b)^2}$.

134. $\int x^n e^{ax} \, dx = \dfrac{e^{ax}}{a^{n+1}} \left[(ax)^n - n (ax)^{n-1} + n(n-1)(ax)^{n-2} + \cdots + (-1)^n n! \right] \, (n 为正整数)$.

135. $\int x^n b^{ax} \, dx = \dfrac{x^n b^{ax}}{a \ln b} - \dfrac{n}{a \ln b} \int x^{n-1} b^{ax} \, dx \, (n > 0)$.

136. $\int e^{ax} \sin bx \, dx = \dfrac{e^{ax}}{a^2 + b^2} (a \sin bx - b \cos bx)$.

137. $\int e^{ax} \cos bx \, dx = \dfrac{e^{ax}}{a^2 + b^2} (a \cos bx + b \sin bx)$.

十四、含 ln*ax*

138. $\displaystyle\int \ln ax\,dx = x\ln ax - x.$

139. $\displaystyle\int x\ln ax\,dx = \frac{x^2}{2}\ln ax - \frac{x^4}{4}.$

140. $\displaystyle\int x^n \ln ax\,dx = \frac{x^{n+1}}{n+1}\ln ax - \frac{x^{n+1}}{(n+1)^2}\ \ (n \neq -1).$

141. $\displaystyle\int \frac{1}{x\ln ax}\,dx = \ln\ln ax.$

142. $\displaystyle\int \frac{1}{x\,(\ln ax)^n}\,dx = -\frac{1}{(n-1)(\ln ax)^{n-1}}\ \ (n \neq 1).$

143. $\displaystyle\int \frac{x^n}{(\ln ax)^m}\,dx = -\frac{x^{n+1}}{(m-1)(\ln ax)^{m-1}} + \frac{n+1}{m-1}\int \frac{x^n}{(\ln ax)^{m-1}}\,dx$
$(m \neq 1).$

十五、含反三角函数

144. $\displaystyle\int \arcsin ax\,dx = a\arcsin ax + \frac{1}{a}\ \sqrt{1-a^2x^2}.$

145. $\displaystyle\int (\arcsin ax)^2\,dx = x\,(\arcsin ax)^2 - 2x + \frac{2}{a}\ \sqrt{1-a^2x^2}\,\arcsin ax.$

146. $\displaystyle\int x\arcsin ax\,dx = \left(\frac{x^2}{2} - \frac{1}{4a^2}\right)\arcsin ax + \frac{x}{4a}\ \sqrt{1-a^2x^2}.$

147. $\displaystyle\int \arccos ax\,dx = x\arccos ax - \frac{1}{a}\ \sqrt{1-a^2x^2}.$

148. $\displaystyle\int (\arccos ax)^2\,dx = x\,(\arccos ax)^2 - 2x - \frac{2}{a}\ \sqrt{1-a^2x^2}\,\arccos ax.$

149. $\displaystyle\int x\arccos ax\,dx = \left(\frac{x^2}{2} - \frac{1}{4a^2}\right)\arccos ax - \frac{x}{4a}\ \sqrt{1-a^2x^2}.$

150. $\displaystyle\int \arctan ax\,dx = x\arctan ax - \frac{1}{2a}\ln(1+a^2x^2).$

151. $\displaystyle\int x^n\arctan ax\,dx = \frac{x^{n+1}}{n+1}\arctan ax - \frac{a}{n+1}\int \frac{x^{n+1}}{1+a^2x^2}\,dx\ \ (n \neq -1).$

152. $\displaystyle\int \operatorname{arccot} ax\,dx = x\operatorname{arccot} ax + \frac{1}{2a}\ln(1+a^2x^2).$

153. $\displaystyle\int x^n\operatorname{arccot} ax\,dx = \frac{x^{n+1}}{n+1}\operatorname{arccot} ax + \frac{a}{n+1}\int \frac{x^{n+1}}{1+a^2x^2}\,dx\ \ (n \neq -1).$

参考文献

[1] 张国勇. 高职数学教程. 北京:高等教育出版社,2007.

[2] 王人连. 航海数学. 大连:大连海事大学出版社,2000.

[3] 郭禹. 航海学. 大连:大连海运学院出版社,2005.

[4] 郭禹. 航海学. 大连:大连海运学院出版社,1993.

图书在版编目(CIP)数据

航海数学/张玉祥编著.—2 版.—厦门:厦门大学出版社,2019.7
ISBN 978-7-5615-3881-4

Ⅰ.①航… Ⅱ.①张… Ⅲ.①航海学:应用数学-高等职业教育-教材 Ⅳ.①U675.11

中国版本图书馆 CIP 数据核字(2011)第 055582 号

出 版 人	郑文礼
责任编辑	眭 蔚

出版发行 厦门大学出版社

社 址	厦门市软件园二期望海路 39 号
邮政编码	361008
总 编 办	0592-2182177 0592-2181406(传真)
营销中心	0592-2184458 0592-2181365
网 址	http://www.xmupress.com
邮 箱	xmup@xmupress.com
印 刷	南平市武夷美彩印中心

开本	720 mm×960 mm 1/16
印张	11.75
插页	2
字数	200 千字
版次	2019 年 7 月第 2 版
印次	2019 年 7 月第 1 次印刷
定价	38.00 元

本书如有印装质量问题请直接寄承印厂调换

厦门大学出版社
微信二维码

厦门大学出版社
微博二维码